JN086526

フランスの田舎に心ひかれて

移住した家族の心地よいライフスタイル

Myna（まいな）

Mon quotidien au pays de la chocolatine

は じ め に

田舎での子育て、海外移住、環境のことを考える、自然と生きる……

　本書は、家族でフランスに移住後、2年の間に起きた日常の小さな出来事を等身大のままつづったエッセイ。舞台はフランス南西部シャラント＝マリティーム県です。

　温暖な気候で、重要建築物や自然の遺産が、ラ・ロシェルやロワイヤンなど海岸部の魅力と結びつき、ヴァカンス地として人気がある土地です。食前酒に選ばれる地元のお酒ピノ用のブドウ畑をはじめとする畑が広がり、野生動物を間近に感じる大自然のなかで、田舎暮らしの良さを味わっています。

　夫婦2人で10年以上暮らした日本。長女「ココ」が生まれた後、今後の拠点について何度も真剣に話し合いました。そして日本もフランスも好きな私たちですが、最終的にフランスのいいところのウェイトが大きかったことが決定打となり「フランスの義務教育が始まる3歳になる前に、なるべく早く移住しよう！」そんな結論に至ったのです。

フランスの最も美しい村の一つとしても知られる
タルモン・シュル・ジロンド（Talmont-sur-Gironde）

自宅からの景色。季節や時間帯、天候により
毎日変わる風景を楽しんでいます。

この本の各章にある「食事」「日々の暮らし」「学校教育」「フランスでの医療」は、まさに当時「フランスのいいところ」として挙がった要素です。

移住当時は、コロナ禍。日常を知らない非日常のなか、ココの義務教育1年目はあっという間に過ぎ、移住2年目には次女「べべ」が誕生。

履歴書に書けるようなことはしていないけれど、自然を満喫できる環境で穏やかに暮らす、もうそれだけで十分です。今の環境で楽しく賢く生きる術を身に付けることを、何より魅力に感じています。

自然とともに生きる子育てを通して、フランスの環境問題への取り組み例（草の根レベルですが……）や、極西の田舎暮らしでの小さな気付きが、この本を読んでくださる方のお役に立てば幸いです。

：：：：：：：：：：：：：：：：：：：：：：：
主 な 登 場 人 物
：：：：：：：：：：：：：：：：：：：：：：：

● ココ
2歳でフランスに移住した、日本生まれの長女。本書では4歳までの記録。飛んでるハエもつまむ人。

● べべ
フランス生まれの次女。本書では1歳までの記録。庭の花の香りをかぐことが好き。

● うちのフランス人
フランスの田舎育ち。動体視力に優れ、動く車の中からでも容易に野生動物を見つけられる習性。空模様を読むのは朝飯前。

● マミー
子どもたちにとっては「フランスのばぁば」。草木や石、キノコ博士という田舎暮らしに心強い、生き字引。

Sommaire

Chapitre 2 日々の暮らし

Chocolatine

ショコラティン

　日本で知られている「パン・オ・ショコラ」は、実は地方によって言い方が異なります。私が住むフランス南西部は「ショコラティン」地域。

　そのため、この本のフランス語のタイトルは、南西部！だとすぐに分かる「ほぼ類語」のショコラティンを入れています。

　パン・オ・ショコラ vs ショコラティン論戦があるくらい、フランス人の間では定番のネタ。この2つを足して、「私は争いを避けるため『パン・オ・ショコラティン』と言うようにしてる！」と冗談を飛ばすのを楽しんでいます。

■「ショコラティン」
　が大多数を占める地域

■「パン・オ・ショコラ」
　が大多数を占める地域

Chapitre 1

食　事

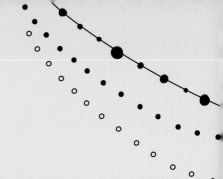

家族と季節のイベント

クリスマスや大みそか、家族で過ごすイベントに加えて、
自然と生きる田舎暮らしでは
移り変わっていく季節の小さな変化を感じられます。

結 婚 記 念 日

　結婚記念日を覚えていない。それどころか、サプライズでレストランに連れて行ってもらっても、日にちを間違えていてピンとこなかった私。

　今回も彼のサプライズは大成功を収め、「KY（空気が読めない）でMerci（ありがとう）」と言われる始末。

　気が付けば、連れ添って10年以上。サプライズ好きの夫と、誕生日や記念日を覚えていない妻、ある意味釣り合っている凸凹夫婦です。

　日本では、結婚から25年目の「銀婚式」、50年目の「金婚式」と呼び名があるように、フランスにも決まった言い方があります。

　フランスでは1年単位で100年目まで呼び名があり、愛の国であることを体感します。毎年ランクアップしていくチーム戦のようで「今年は何に進化したかな」とささやかな楽しみでもあります。

　フランス移住後に実現した3年ぶりの二人でのディナー。この日の前菜は、マテ貝のパセリバター焼き。メイン料理は、スズキのバーベキューでした。

　ココも「けっこんきねんび」というものを理解していて、絵を描いてくれたり、庭の花で花束を作ってくれたり、今や2人だけの日ではないことを感じています。

マテ貝のパセリバター焼き

この日の前菜に選んだのは、大好きなマテ貝。
太陽と潮風を感じながら、ソースまでぺろり
と完食。

Anniversaire de mariage

夕日を眺めながら、地元のお酒
ピノベースのオリジナルカクテ
ルで乾杯！

メイン料理はスズキのバーベキュー。
肉食の夫と、海の幸が好きな私。
海沿いの海鮮レストランでも定番の肉料理は必ずあるフランス。
両者が幸せに共存できるこの国が好きです。

別の年の結婚記念日。17世紀の風車をリノベーションしたグルメレストランにて。
食後の散歩で、おなかが落ち着きました。

　結婚した当時、二人とも収入は不安定でした。最初の結婚指輪は20ユーロの銀の指輪。その後、鋼の指輪になり今に至ります。

　10年目の結婚記念日では、結婚指輪を新調する話も出ましたが、あの頃の思い出とこれからも一緒にいられるし、今の指輪で十分。その価値観を共有できるパートナーで良かったです。

　人生100年時代では、まだまだヒヨコ夫婦。これからも壮大なこの地で、背伸びしない自然な関係でありたいです。

Repas de Noël

<u>クリスマスごはん</u>

　ある年のクリスマスヴァカンスは、のどかな田舎風景の広がるシャラント県で。元バー・レストランの大きな家にて、家族総勢約20人でにぎやかに過ごしました。

　20時すぎからのアペリティフ（食前酒）。子どもたちが寝てからのサンタクロースたちの夜なべは、日付をまたぐまで続き、予定通り食べ過ぎました。

　それぞれが持ち寄った材料で、夕方からわいわいと料理をしたメニューはこちら。

前菜

- 生ガキ
- スモークサーモン
- 自家製シャラント風フォアグラ

　キッチンのセルフリノベーション中に伴い、初めてオーブンを使わず圧力鍋で蒸し焼きにしたレシピでしたが、「しっとりしてておいしいね」と家族からは好評でした。

　前菜が全てNGな妊婦用には、日本の簡単なおつまみを作りました。カキに片栗粉をまぶして、油で焼いた後、ポン酢をかけるだけ。こちらではカキは生食が基本ですが、焼いたカキもフランス人に喜んでもらえました。

自家製シャラント風フォアグラ

地元のお酒ピノで香り付けしたフォアグラ。好みのお酒で香り付けができるのが自家製のいいところ。

シャポンのフォアグラ入りファルシ オーブン焼き

ローマ時代、貴族の間でも愛された高級鶏シャポン。
フランスでは、クリスマスに食べられることがほとんどです。

メイン

・シャポンのフォアグラ入りファルシ、オーブン焼き
・栗・キノコ・ジャガイモのソテー
・2種のさつまいものピューレ

　去勢したオス鶏であるシャポンは、中にフォアグラやニンニクと一緒に味付けしたソーセージ肉を詰めて、オーブンで4時間。香りだけでごはんがおかわりできるくらいのおいしさが漂っていました。

Repas de Noël

デザート

・チーズケーキ、赤いフルーツのソースがけ
・ブッシュ・ド・ノエル
・かぼちゃのタルト

　ケーキは、家族みんなが認めるパティシエールがひとりで作ってくれたもの。どれも甘さ控えめで、軽めに仕上げてくれたので、食事の後でも全種類おいしくいただくことができました。

　日本でのお歳暮の買い出しやおせち料理作りのように、こちらもクリスマス前は家族それぞれへのプレゼントやクリスマスメニューの買い出しや仕込みで、バタバタ。忙しさから解放されたお疲れ気味のサンタたちの、楽しい夕べでした。

　フランスでは、子どもだけではなく大人にもプレゼントを贈る伝統があります。クリスマスツリーの足元に全員の靴を置き、サンタたちはそれぞれの靴の周りにプレゼントを並べて、寝床につきました。

　クリスマス当日の朝は、20人全員が起きるのを待ちながら、フルーツのパウンドケーキやブラウニーなど、手作りの特別なモーニング。その間、子どもたちはツリーの下に置かれた自分のプレゼントの前で座り込んで待機。

　食欲に負けたココが朝食を食べ終わると、みんないっせいにプレゼントを開封！　私もたくさんの贈り物をいただきました。

　その後はランチの準備。前夜のクリスマスディナー以外は、各家族が1回分の食事を用意するのが、大人数で集まる時のお決まり。

　この時はわが家の番でした。

クリスマスツリーの足元
に自分の靴を並べて、そ
の靴の持ち主の周りにプ
レゼントを置きます。

~前菜~
　・自家製シャラント風フォアグラ
~メイン~
　・マグレ・ド・カナールとスモーク鴨を載せたペリゴール風サラダ
　・3種のキノコソテー（椎茸、ひらたけ、マッシュルーム）
　・シャラントのジャガイモのソテー
　・インゲン豆のソテー
~チーズ~
　・ロカマドゥールチーズ
~デザート~
　・フルーツサラダ

　前日好評だったフォアグラの2個目を前菜に、メインは仕込んでき
た野菜たちを使ってサクッと準備。重たい料理の後は、フルーツサラ
ダでさっぱりと。

　ドッと疲れましたが、15:30に無事に終わり一安心。

大みそか

Réveillon du nouvel an

　フランスでは、年越しは家族と（または友人たちを招いて）ごちそうを囲んで過ごします。お正月は、完全にお疲れ休みです。

　大みそかをドルドーニュ地方の古い家で大家族約15人、犬2匹でにぎやかに過ごした年の話。

　フランスの大みそかごはんは、年越しそばのように伝統的に決まっているメニューはないものの、いつもより特別感のある料理——シャンパンをはじめとするアペリティフから始まり、前菜にはフォアグラ、生ガキ、エスカルゴ、ホタテ、燻製サーモン——が並びます。

　メインには、手長エビやオマール海老、イセエビといった高級エビ、生ガキなどの海の幸の大皿、ブーダンノワールやブーダンブランなど歴史の古いシャルキュトリー（食肉加工品）、シャポンや鴨、シビエなど。

　ここまででおなかがパンクしそうになるのですが、ワイン片手に夜なべは続き、チーズプレートをはさんで、一口サイズのデザートが待っています。

この日の前菜。手長エビ、エビ、バイ貝、生ガキといった海の幸が並びました。エビが食卓に並ぶ日には、「緑のマヨネーズ」とよばれるハーブ入りの自家製マヨネーズは欠かせません。

体調不良ごはん

Repas pour malade

　日本では体調不良の時におかゆと梅干しを食べるように、フランスにも体調不良ごはんがあります。

　野菜のポタージュ、鶏のブイヨンスープ……など家庭によっていろいろですが、うちのフランス人の定番は、ジャンボンピュレ（ハムとジャガイモのマッシュポテト）。

　私はイモ感が残るくらいのピュレが好きなので、土鍋でふかしたジャガイモを、マッシャーを使って人力でつぶします。最近は優秀なスーシェフ（副料理長）であるココに助けられています。

旬のリンゴをキロ買いしてよく作るコンポート。
わが家では、リンゴ以外に入れるものは水だけ。
簡単な体調不良デザートです。

ジャンボンピュレ(ハムとジャガイモのマッシュポテト)におかゆを添えて。

アスパラガスまつり

fête de l'Asperge

　ワインでも有名なジロンド県のブライで、毎年4月最後の週末に開催されるアスパラガスまつり。わが家恒例の行事です。

　生産者さんから直接購入できるブースでは、白アスパラを中心に、緑や紫など、大小さまざまなアスパラが並んでいます。1回食べきりの量から5キロの箱売りまで、新鮮で6〜7ユーロ/キロ（1000円くらい）とお手頃価格で手に入ります。この日は、食べごたえのある太さの白と緑のアスパラたちを持ち帰りました。

　おまつりでは、地元の生ビールやワインが飲めるブース、そのほかのフードブース、ミニ動物園や昔のおもちゃが自由に遊べるキッズエリア、広場のコンサートなどがあります。グルメなおひとり様やカップル、子どものいる家族連れまで、1日中いても楽しめます。

　日曜日には、直径2.5mのフライパンで、3000個の卵と150キロのアスパラガスで作る巨大アスパラオムレツの実演販売も！

　1週間毎日食べ続けて、ついに食べきった3キロのアスパラ。保存は、水を2〜3cm入れた容器に立て、乾燥を防ぐためビニール袋などをかけてから冷蔵室にしまうと長持ちします。

　新鮮なアスパラは生でいただくのが、ぜいたくな食べ方。ホワイトアスパラは、ビネガーやクリームのソースで前菜に。お肉の付け合わせ、というよりアスパラがメインの感覚で調理します。

アスパラガスまつりで並ぶのは、ほとんどが白アスパラです。太さ別に整列。アスパラガスに春を感じる光景です。

30人のピクニック

　家族30人が集い、5月生まれの誕生日会を一緒にした「主の昇天の祭日」の連休。5月のフランスは祝日が多いです。

　この時はピクニック担当でした。サラダと数本のバゲット、あとは味見程度の日本のお弁当。炊き込みごはん、煮物、生産者さんの畑で買い集めた旬の野菜の存在感に助けられました。

　うちのフランス人に作ったバースデーケーキは、フランスの定番ケーキ「キャトルカール」にリンゴのキャラメリゼを入れて。

　日本のお弁当は、バゲットサンドがピクニックの定番であるフランス人たちにウケます。お友達との持ち寄りピクニックでは、寿司桶におにぎりを詰め込んで持参。和風の容器に三角のおにぎりを入れたことを、大変喜んでもらえました。

　次回の一時帰国の際、忘れずに日本から持ち帰りたいもの、それは重箱！　ここぞという機会に、日本のおかずを重箱にぎっしりと詰め込んでいこうと思います。

寿司桶弁当。この日以来、登場シーンが増えました。

30人には味見程度のお弁当でしたが、日本のピクニックを紹介する良い機会となりました。

バーベキュー

Cuisine au barbecue

　3月下旬、16時の最高気温22℃。あと数時間で夏時間に変わり、フランスの長ーい冬が終わりを告げます。春本番の到来がうれしい陽気の週末です。

　ランチはマリネしておいたタイ風の鶏肉を、バーベキューで。わが家のタンドリーチキンブームが過ぎ去り、最近の新定番。家の周りがアジアンな香りに包まれる時間です。

　渡仏前は、日本一バーベキュー機材が売れるといわれる県、岐阜の山のほうにいたこともあり、調理法としてのバーベキューは日本にいた頃と変わりません。

　隣人のいない暮らしの良いところは、ココと遊びながらできるところ。そして火を起こして使い終わったらふたを閉めてテラスに放置。また次回！　と何とも手軽に調理ができるところ。

　だから天気が良ければ、いつもバーベキューです。

　冬の終わりを予感してから、生産者さんのもとに買い付けに行ったお肉が眠るわが家の大型冷凍庫。こんなにぜいたくでおいしい調理法が身近にある環境に感謝です。

　土鍋で蒸した野菜に香り付けをしたり、魚介類もおいしくしてくれます。サーモンや白身魚は酒を少々振ってホイル焼きにするほか、旬の魚介を豪快にバーベキューで楽しみます。マルシェで珍しく見かけた磯の香りが強いセイヨウイタヤ貝は、さっと炒めていただきました。マルシェに行くたび、定番バーベキューネタが増えていくワクワク感。

　幸せな原始人生活。バーベキュー様様です。

バーベキュー係、つかの間のお一人様時間。このひとときが好きです。

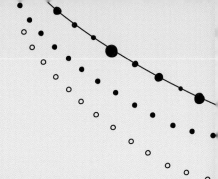

日本語継承教育ならぬ、
日本食継承教育

小さな日仏ファミリー。
日本の行事も忘れずに行っていると、毎月おまつりがあることに。
おまつりの準備で忙しいなんて幸せなことですよね。

わが家では特別な七夕

Tanabata, un évènement spécial chez nous

　予定より早く七夕という良き日を選んで私たちに会いに来てくれた次女のべべ。以来、わが家の七夕は、お正月に並ぶビッグイベントになっています。

　例年通り「七夕とは？」という説明から始まり、当日に向けてココと一緒に折り紙でせっせと作る七夕飾り。4歳の七夕では、日仏2カ国語で願いをしたためることに成功しました。

　「たいやき（たべたい）」に始まり、「スイカ」と書いた短冊には「（糖度の高い）にほんのスイカがたべたい」。

　七夕の前日、村にある竹やぶにココと2人で笹を取りに行き、担いで帰るほどの立派な笹を手に入れてスタンバイOK。

　当日の七夕ごはんはそうめんを中心に、NIPPON食堂開店です！

ココの願い事。また一緒に日本のスイカを食べようね。

1歳の誕生日は、少し特別な日本のごはん。卵以外、野菜で作った離乳食ベジタブルお寿司です。

お 食 い 初 め

　一生に一度の百日祝い。べべのお食い初めは、家族4人で。ココと飾りを作り、わが家の正装である道着を着て、今の自分たちらしい形でお祝いができました。

　フランスでは10月まで旬のスズキ。これをメインに、手に入る食材で作った日仏メニューはこちらです。

　・スズキのパイ包み
　・白インゲン豆のトマト煮込み
　・土鍋栗おこわ風ごはん
　・お吸い物
　・ラディッシュの浅漬けとラディッシュの葉のおひたし
　・白インゲン豆の甘煮
　・歯固めの栗

　成長過程で名前が変わる出世魚のスズキは、フレンチの名シェフ、ポール・ボキューズの代表作を意識して、夜な夜なパイ生地を仕込み、パイで包んだスズキを丸ごと焼き上げました。

　白インゲン豆×トマトやラディッシュで、紅白のお祝いカラーを演出。豆は、健康の意。ついでに和風の甘煮も。

　赤飯の代わりに、白玉粉を混ぜて栗おこわ風。拾ってきた栗は歯固めの石として。

　お吸い物には、花麩、ワカメ、シイタケ、ゴボウ……。貴重な乾物がおいしくしてくれました。

　料理は、誰に作ってと言われたわけではありませんが、メニューを考えている時間、作る時間の全てが愛おしく感じました。

わが家のお食い初めメニュー。今の環境で、できることを楽しんでいます。

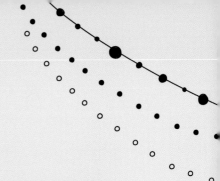

フランス料理？　ド田舎料理？

大皿どころか鍋ごと食卓に出される家庭のフランス料理。
食の地方色豊かなフランスでは、
その土地ならではのおいしいものがあります。
ここでの暮らしでは、季節も間違いなく料理の要素。
楽しみながら、食の世界にどっぷりハマっています。

寒い日のポトフ

Pot-au-feu, un plat d'hiver

　朝晩冷えるフランスの冬。寒い日は、冬の定番料理であるポトフに。ポトフのお肉は、牛。
　最低でも食感や味わいの違う3種類の部位を煮込んで作るといいといわれています。

　日本にいた時はポトフに使う部位が手に入りにくかったので、ポトフの肉を「豚」に代えたポテや、「鶏」でプロポを作っていました。
　小さな器のような形の骨は、オス・ア・モワル。苦手なフランス人も多い牛の骨髄です。
　濃厚なヨーグルトみたいな食感で、ホルモンのような味がしますが、私には地元の名古屋名物、牛すじやモツのどて煮を思い起こさせ、どこか懐かしい。ポトフにはなくてはならないお肉です。
　野菜は、ニンジン、セロリ、カブ、ポワロ、タマネギといったところでしょうか。

　この日のポトフの余韻にひたりながら、思い出しては唾を飲む私。カラダに染みる温かい夕食。おいしい季節のものをいただけることが最高に幸せです。

じっくりコトコトと煮込んだポトフ。家中にただよう香りが、冬を感じさせてくれます。

保存食、燻製ニシン

Hareng fumé, un aliment de réserve

　日ごろ、保存食に助けられることもしばしば。

　燻製ニシンのサラダもその定番。旬のお野菜たちを入れた「サラダの八宝菜」といったところ。

　「300円の遠足のお菓子」のように、あるものの中で料理する感じが楽しいのです。

サラダの八宝菜のような燻製ニシンのサラダ。

ジャガイモ、エシャロットは欠かせませんが、そのほかは季節の野菜で作ります。

私のコーヒーマシン

Ma machine à café

　地球に優しいコーヒーブレイクな話。

　日本に比べ、コーヒー消費量が圧倒的に多いフランス。コーヒーマシンはたいてい一家に1台あります。

　学生寮の個室にもコーヒーマシンだけはあることも多く、なかでもカプセルを使うタイプが浸透しています。

　日本から連れてきたフィルター不要の陶器でできたコーヒードリッパーは、このあたりの石灰質の多い水により目が詰まってしまい、移住後早々にお蔵入り。

　この2年間は、マキネッタとフレンチプレスを愛用しています。洗う手間はありますが、紙のフィルターやカプセルのようにゴミが出ることもなく、エコフレンドリー。

　最近のカプセルのほとんどはリサイクル可能な作りですが、リサイクルに対応している収集所がまだ少ないのが現状のよう。リサイクルに回したつもりが、実際にはゴミになってしまうケースも耳にします。

　マキネッタとフレンチプレス。どちらを選ぶかは好みですが、エコロジーの面から見ると、食洗機に入れられるフレンチプレスのほうが水の量を減らせるので、地球には優しいといえます。

　便利なコーヒーマシンもいいですが、好みの豆で飲めて、濃さを調整ができるので、アナログな入れ方もいいものです。

　コーヒーを入れると、バタバタな時間に一瞬立ち止まれるので、あえて豆からひいています。おいしくて、さらに時間稼ぎにもなる感じがして……。はい、貧乏性。

フレンチプレス(左)とマキネッタ(右)。

　このタイプのコーヒー器具を使うことで、1日2杯のコーヒーを飲む人の場合、普段紙のフィルターを使う人は【年間】200ユーロ、カプセルを使う人は【年間】300ユーロの節約になるといわれています（『MERCI POUR L'INFO』N° 581 60 gestes vertsより）。20ユーロほどで手に入る、何度も使えるカプセルもオススメです。

　マイマグカップは、ココを出産後「子育て中でもコーヒーが冷めないように」と母がプレゼントしてくれたふた付きのもの。コーヒーを飲むたびに、そんな母の顔が浮かびます。

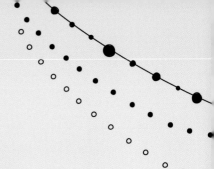

自然の恵みを
自ら取りに行く

季節や天候。ここの暮らしではその変化を身近に感じます。
ベストなタイミングを逃さずに動くと、おいしいものにありつける法則。
あらためて並べてみると、今の環境に生かされていることを実感します。
自然の恵みに感謝。

雨上がりのエスカルゴ狩り

Escargots après la pluie

　7月が近づくと、フランス全土で夏のセールシーズン。

　でもド田舎暮らしをしていると、そろそろだなぁと思うのはセールではなくエスカルゴ。というのも、有名どころでいうとブルゴーニュのエスカルゴは4/1〜6/30は繁殖期にあたるため、とるのは禁止。また、捕獲できるのは直径3cm以上のもののみ、とされています。

　このあたりでとれる通称プチグリ・シャラントは、ボーダー柄のものであれば1年中とれる種類ですが、感覚的には夏の風物詩。

　雨上がり。手に袋を持ってエスカルゴを探す人たちを見るのも珍しくありません。とはいえ、数年前に比べて数が減り、干ばつや、地球温暖化の影響も否めないところ。田舎暮らしでは身近なところの変化から感じることも多く、地球にやさしく生きたいと思うものです。

このあたりでとれる通称プチグリ・シャラント。

数日かけて下処理し、「エスカルゴバター」とよばれるパセリとにんにくが香るソースで
おいしくいただきました。

鱒釣り解禁

Ouverture de la pêche à la truite

　3月上旬のある日。夜明けとともに、鱒（ます）釣りが解禁されました。フランスでは、燻製サーモンと同じくらい、燻製鱒が簡単に手に入るので、身近な存在です。

　竿はひとり1本で、長さにも規定があります。釣る場所によってはリリースしないといけなかったり、釣りカードを買う必要もあります。

　解禁日があるだけではなく、細かい規定を作ることによって、魚と人間の適切な関係を保とうとする考え方が好きです。

　この年の解禁日は、釣りの予定はなかったものの、気になって池に偵察へ。

　鱒寿司、鱒寿司、鱒寿司……。帰り道の頭の中は鱒寿司のことでいっぱいに。この年、早々に釣りは諦めて、折を見て魚屋さんに行ったというオチつきです。

鱒は調理しやすい素直な魚。燻製鱒はトーストや、ブリニス（小さなパンケーキ）にのせて。
尾頭付きは、フランス風にレモンとタイムと一緒に、オーブン焼きにしておいしくいただきました。

鱒釣り解禁日。 釣りラバーの春到来。どこもかしこも人、人、人！

仕事後の釣り

　6月末、22時になっても明るいこの時期。仕事の後、釣りをするのにいい季節です。

　釣れたらさばいてバーベキューに。子どもたちが眠りについた後も、22時まで魚との知恵比べを続けて、夕食にするなんてこともしばしば。骨の多い小魚たちは最後に焼いて、飼っている鶏の翌日の朝ごはんにします。

　休みの日は、ビール片手に魚釣り。1日中川沿いで過ごすことも。カヌーに乗る人、昼寝をする人……。それぞれの自由な休日です。

　こちらの暮らしに慣れてきたココにも釣り竿を買い与え、狩猟民族に仲間入りをさせた2歳の初夏でした。

膝にココをのせて、魚との我慢比べ。

これで狩猟民族の仲間入り！この日はローチというコイ科の魚が釣れました。

カ キ 爆 狩 り

　9月。義妹家族が2泊3日で泊まりに来てくれた10人の週末のお話。

　土曜日は朝からお出かけ。フランス首都圏ではコルシカ島に次いで2番目に大きいイル・ドレロンへ行きました。

　夕方の干潮時に、潮干狩り。フランスでは、「r」のつく月、つまり9月から4月までがカキの季節といわれています。この時はシーズンオンになったばかりで、カキ(ヨーロッパヒラガキ、ブロン)が豊作！アサリ、ヨーロッパタマキビ、カニもたくさんとれました。

　潮干狩りの思い出写真は、泥だらけの底なし沼での狩りです。足場の悪さと写真の大きなギャップ。抱っこひもの中のベベと、初めてにしてカニとり名人となった3歳のココを追いかけるのは、運動不足の私にはなかなかの重労働でした。

　自分たちでとった手のひらサイズのカキは殻を開けて、生で夜の前菜に。肉厚で今まで食べた生ガキのなかで一番のおいしさでした。

　この時の島訪問の最大の目的は、海辺で海鮮盛りをいただくこと。

　私の3週間後に出産した義妹とは出産したら海鮮盛りを食べに行こうね、と約束して、励まし合った同志。お二人様用の海鮮盛りを堪能しました。

　特に「海好き」というわけではないけれど、海の幸は大好物です。

初めてのカニとり。足場が悪くて大変でした。

果物・野菜・キノコ狩り

ご近所付き合いに一番効果的なのが、フルーツ狩り。
道端で果物をとっている間、通りすがりの村人と、
いとも簡単に井戸端会議が始まるのはいつものこと。
人が通らなければ、とれたての果物を持って、ちょっと顔見知りのおうちをピンポーン。
どうぞ、と持って行くと、逆に庭の果物をいただくなんてこともしばしば。
自然の恵みは人と人をもつなぐのです。

木 イ チ ゴ 係

Responsable des fraises des bois

　6月に入り旬を迎えた、庭の木イチゴ食べ放題。
　イチゴ、と聞くと木イチゴ（正しくはエゾヘビイチゴ）が浮かんでくるくらい、今では身近な野生の果実です。
　木イチゴの収穫は、ココの日課。この日もたくさんとれました。

真っ赤に熟したものを見極めます。

毎日たくさんの量がとれる木イチゴシーズン。その場でいただく、ぜいたくな果実です。

散歩道のスモモの木

Prunier pendant la promenade

　嵐の後の散歩道。

　畑を暴風から守るために植えられたブロッコリーのような形の木の下で見つけたもの。それは、風によって地面に叩きつけられたおいしい宝石、スモモです。

　赤色、黄色……。この時拾って持ち帰った黄色いスモモは、タルトにしたり、コンポートにしたりしておいしくいただきました。

7月に旬を迎えるミラベル。スモモの中でも旬がきわめて短い品種です。

ご近所さんのヒヨコ豆畑

Champs de pois chiches chez les voisins

500m先のお隣さんは、昔からの兼業農家。18世紀の建物で暮らしています。

家の半周をぐるりと囲むのは、ぜーんぶお隣さんのヒヨコ豆畑。わが家の窓からは大きな存在感があります。

大豆の感覚でサラダや煮物にも使えて、グルテンフリーで栄養価の高いヒヨコ豆。乾燥させて保存食としても使われます。

こうして実がなっています。

18世紀の建物と、右側一帯がヒヨコ豆畑。広い！

ブラックベリー食べ放題

Mûres à volonté

　家の周りの小道は、野生種のブラックベリーだらけ。

　忙しい日でも、ブラックベリーだけは摘みに行くのが日課。市販品とは比べものにならないほど濃い味で、くせになります。

　赤から黒へ、食べ頃に色付いた野生のブラックベリーの枝は、トゲだらけ。移住後、2歳でブラックベリーの収穫デビューしたココも、トゲに気を付けながら収穫する術を身に付けました。

　この日の朝は、散歩道でのブラックベリー狩り。ベビーカーの中の眠り姫がウトウトしている間、ココと食べては摘み、摘んでは食べ、を繰り返し、持ち帰ったものはタルトにしました。

　産後、なかなかゆっくり一緒に過ごせなかったココとの時間を少し取り戻せた気がした、この日のブラックベリー食べ放題でした。

　摘んでいると、通りすがりのご近所さんたちが足を止めて「あっちの道のブラックベリーのほうが大きい」と話しかけてくれる小さな村。そのたびに、「○○さんが出産した」とか「○○さんの子ももうすぐ幼稚園に行く」なんて世間話をして、ついでにわが家の新メンバー・ベベを紹介する穏やかな週末でした。

タルト生地にカスタードクリームを流し、
摘みたてのブラックベリーを山盛りにのせました。

夏の終わりが近づくと、ブラックベリーはそろそろおしまい、また来年。リンゴにバトンタッチ！

村の大きなイチジクの木

Grand figuier du village

　田舎暮らしを始めて「大」がつくほど好きになったイチジク。とれたてのイチジクほど、ジューシーで深い味わい食べものはありません。散歩道に大きなイチジクの木があるので、イチジクがたわわに実る時期は、通るたびにせっせと持ち帰ります。

　大きな木でありながら、実までの距離が近いので、小さなココも収穫できるありがたい木。ココが初めてひとりで木登りをしたのもイチジクの木でした。木陰も気持ちがいい大きな木。親子でいろいろお世話になっています。

　持ち帰ったイチジクはジャムに。ほっぺたが落ちるほど甘くておいしくて、仕込みながらココと二人、つまみ食いが止まりません。

　今回は保存用にせず、自然の甘みを生かして、2キロ以上のイチジクに対して、砂糖は大さじ1のみ。フランスでは素材と砂糖が同量でない場合、ジャムではなくコンポートとよばれます。出来上がったイチジクのコンポートはうま味も糖度も、じっくり焼いた安納芋の焼き芋級。

　夜ごはんは、イチジクディナー。鴨と合わせたかったところですが、原則あるもので賄うのがここでの暮らし。イチジクを赤身の牛の付け合わせに。バターやエシャロットに出会って、コクのあるソースになりました。

　デザートは、生のイチジクと、イチジクジャム×フロマージュブラン。

付け合わせはイチジクのソテー。

庭のアーティチョーク

Artichauts du jardin

5月。アーティチョークシーズンの始まりです。

先日の買い物リストにココが「みどりのやつ」と書き加えたくらい、村人の庭の至るところでたわわに実り、マルシェでも山積みになって売られています。

庭の子たちが収穫期を迎えました。ココが食べるのは意外にも初めてでアーティチョーク記念日となりました。マルシェで山積みになっているのを見たココ。庭で日に日に大きくなるのを目にしていたこともあり、気になって仕方がなかったみたいです。ココのやることリストには、未知の食べもの「アーティチョーク」がいつの間にか追加されていました。ほんのり甘くホクホクしたゆり根のような食感がやみつきになります。体にうれしい作用もあり、食物繊維はゴボウの1.5倍近い量を含んでいます。

可食部は「ガクの根元」と、ハートとよばれる「芯の部分」。

ひと昔以上前の留学中、2カ月滞在したホストファミリー宅では週に2回ほど食卓に並びました。

収穫した子は、シンプルな当時の食べ方で。旧式の圧力鍋で12分、外に吊るして自然の冷蔵庫で冷まし、ビネグレットソースを添えて、ガクのつけ根の肉厚な部分を、歯でこそぎ取るようにしていただきます。

斬新な食べ方と通な味がココにウケ、キッチンでの味見に半分は消えていきました。懐かしさに浸る間もなく「ハート」に到達し、自然の旬の恵みを足早に堪能したランチでした。

バルサミコ酢＋オリーブオイル＋塩コショウのビネグレットソースを添えていただきます。

インパクト大！　生命力あふれる庭のアーティチョーク。

小さなリンゴ

Petites pommes

　朝、来客を待ちながら、散歩道のちょい悪リンゴ達でタルトを作りました。ご近所さんにいただいた果実で作ったマルメロやブドウのジュレで仕上げた地産地消タルトです。

　ランチタイムに来客を迎え、日が沈むまで一緒に太陽を満喫した日。テラスで語りあった後、リンゴの小道にご案内しました。

　種類によって、7月から晩秋までが旬のリンゴ。どの木にも重たくなった実が木の足元にドッサリ落ちていて、自然の力強さを感じます。

　フランスのリンゴは、ただでさえ小さいのに、加えて野生のリンゴ達はサイズもバラバラで個性的。タルトは華やかな見た目のわりに、仕込みに時間がかかる地味な調理です。

　リンゴをはじめ、果物に恵まれている日々の暮らし。トロピカルな果物以外は買うことなく過ごせる豊かな環境です。大自然に、ありがとう。

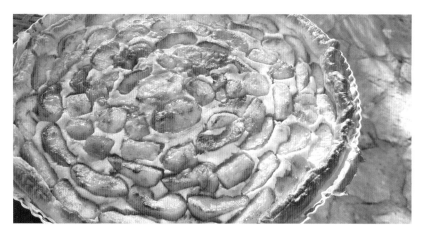

小さなリンゴを使って、マルメロのジュレで仕上げた地産地消タルトです。

リンゴの小道にて。一番おいしいリンゴの木！

特大ズッキーニ

Courgettes géantes

祝日。この日もご近所の農家さんは働いていました。

おすそ分けいただいたこの日のズッキーニは、なんと70cm！ 表面がつやつやの新鮮なズッキーニは、生のままサラダに。

火を通す場合は、食感を最大限に味わうために厚めに切っていただくことが多いですが、ナスやパプリカなどの「太陽の野菜」とよばれる夏野菜とともに縦半分に切って、塩コショウを振ってオリーブオイルを少々垂らして、そのままオーブンへ。見た目にも鮮やかでシンプルな調理法は、家族や友達を招く大人数ごはんにも最適です。

この時は、大量のズッキーニを消費するため、塩を振って水分を抜いたズッキーニをたっぷり使い、ココとズッキーニ餃子を作りました。

別の日、猛暑が戻ってきたので食べたくなった夏の一皿はゴーヤーチャンプルー。代用したのは、ヘタがトゲトゲ、新鮮すぎる畑直送のズッキーニです。

苦いのが苦手な家族が敬遠し、ゴーヤーだと最終的にゴーヤーだけ炒めたように売れ残ってしまうチャンプルーも完食。料理係の私は大満足です。

うちのフランス人からは「料理ホリック」と言われます。作るのはもちろん好きですが、食べたいから作る。ただそれだけ。

食べることは生きること。そんなことを田舎にいると強く感じます。

ズッキーニ餃子。焼いたりスープに浮かべたり……。わが家の新定番メニューが生まれました。

キノコの王様セップ茸

Le cèpe: roi des champignons

　晴れた日曜日！　待ちに待ったセップ茸狩りです。

　午前と午後で場所を変え、家の近くの森でセップ探し。抱っこひもの中の子はマイナスイオンに包まれてスヤスヤ。ココは、森遊びでたくさんの学びがありました。

　森遊び、何がおもしろかったかとココに聞くと、「とりのこえで はなすこと」。森の小動物を驚かせないよう、大声を出す代わりに、口笛でフーフー♪とかヒョロロロ〜♬と、お互いの居場所を確認していたわが家。口笛が吹けない母娘は、声で鳥になりきりました。

　森にはイノシシの痕跡もあり、イノシシ対策にもなったかなーと思います。

　あの香り、風味、食感。乾燥ものとは別物の、新鮮なセップ茸。

　セップ茸とよばれるものは何種類かありますが、セップになりきれなかったボレといわれるキノコは、食感の良さは劣るものの、十分おいしいキノコです。プレーンなオムレツにしておいしくいただきました。

キノコ博士のマミーと、
セップ茸を探すココ。

★毒キノコを口にする危険もあるキノコ狩り。よく知っている人と行くか、怪しいものは袋を分けて持ち帰り、フランスにお住まいの方は薬局の薬剤師さんに確認してください。薬剤師さんはキノコ学（真菌学）の研修を受けているはずです。

あった！これがセップ茸です。

羊の足？ ピエドムートン

Pieds de mouton

11月11日、この日は祝日。休戦記念日です。

マミーとちょっと森遊びのつもりが、二人で夢中になり、マミーは昼間の予定をキャンセルしてキノコ狩りの延長戦へ。

抱っこひもに7キロの巨大児を入れて、雨上がりの森を歩く筋トレ2時間コースになりました。

この日はピエドムートン狩り。ひっくり返すと毛の生えた羊の足のように見えることから、「羊の足」ともよばれるカノシタ茸が大量にとれました。

ピエドムートンは、火を通すと身が締まって、コリコリとした貝のような食感に。新鮮なものはクセがなく、森の風味です。シンプルにソテーでいただきます。

マミーが途中の森で見つけて持ち帰った2つのセップ茸は、フライパンの中で鶏とほんの少しのニンニクに出会ってとろけるおいしさに。そのほかのキノコ達は、ヴルテ（ポタージュよりもちょっとドロドロした感じのあるスープ）にしました。

「羊の足」とよばれるカノシタ茸、ピエドムートン。

Pain aux raisins

パン・オ・レザン

　前に出てきたショコラティンのほか、パン・オ・レザン、クロワッサン、お店によってはショソン・オ・ポム（フランス版アップルパイ）といったヴィエノワズリー。これらが小さく作られた「ミニヴィエノワズリー」を用意しているパン屋さんも珍しくありません。たいてい10個まとめ買いすると、単品で買うよりもお値打ちです。

　わが家では、ココの合気道後の小腹満たしに買うことが多いです。ショコラティンとパン・オ・レザンが好きなので、これらを多めに！　とリクエストできるのが、パン屋さんで買う楽しいところです。

Chapitre 2

日々の暮らし

ストーリーの生まれる庭

庭のおいしい木々たち。
クルミをはじめ、サクラ、スモモ、アプリコット、柿……。
最も身近に季節を感じる場所、庭では
毎シーズン、たくさんの物語が生まれています。

庭の花束

Bouquet de fleurs du jardin

　わが家の庭は、基本食べられるものばかり。「食育」につながる、自然に対して優しい気持ちが育つ、テレビとの距離が保てる、などいいことがたくさんあるので、親子での庭いじりはオススメです。

　結婚記念日があった週。べべを抱っこひもに入れ、庭の花を寄せ集めにしました。7月のこの時期は花が少ないので、ローリエのグリーンでカバー。

　ココに手伝ってもらい、「肩たたき券」的な、手書きの「夫婦でレストラン券」を添えてプレゼントしました。

　私が記念日を忘れるのは例年通りですが、多忙を極めるうちのフランス人も珍しくこの年は忘れていたので、小さなサプライズ成功！

娘たち2人と作ったプレゼント。
「かけがえのない時間」が、何よりも愛おしく感じました。

結婚記念日仕様の庭の花束。

庭の手作り池

Création d'une mare

　数年前、庭に掘って作った池。

　石屋さんで好きな石を選び、拾って車に積んで、車用の大きな体重計に乗せて精算。車が後ろに傾くのも納得の300kg超えでした。

　池には水を求めて、毎日たくさんの鳥がやってきます。池の水は雨水の貯水タンクから引いています。人の手をなるべく加えず、植物と生き物の力で水質が保たれる、ミニチュア「ナチュラルプール」です。

　いつの日か、塩素による消毒も一切行わず、全て自然環境で循環できる本物の「ナチュラルプール」を作るのがわが家の夢です。

　池の中のスイレンが美しいと、幸せな気持ちになります。このスイレンと同様に初期メンバーでもある4匹の金魚たちは、いまや大家族の長老。手狭になった池の拡張を検討中です。

300kgの石を積んだ車。

Journée de la noix

クルミの一日

　秋のココとの日課は、クルミ割り。

　それに加えて、クルミ拾い、天日干し準備、クルミ調理……。一日中、クルミと過ごしています。

　庭のテーブルセットがミニチュアに見えてくるほどのっぽのクルミの木の下で、ココとクルミ拾いをして、乾かしておいたクルミの殻むきをしました。

　インクのように、服に一度付くと取れない黒い殻がしっかり実を守っているので、乾かしてはがして、内側の殻を割ります。リズムに乗ってくると「H」のような形でキレイに割れて、気持ちがいいもの。全体がキレイにむけるのは、手むきならではです。

　落ち始めはまだ実がやわらかいため、皮をむくと美白。味は濃厚です。テラスで親子仲良く甲羅干ししました。

　殻は専用のペンチのようなものでむきますが、クルミの出来を見るために石の上にクルミを置き、固い石でコンコンと割る術を身につけた当時2歳のココ。石を使ったクルミ割りはまるでコザルのようで、その動画を見返すと笑いが込み上げてきます。

　おやつには、簡単に早くできるフォンダンショコラを作りました。生地にクルミを忍ばせ、クルミで飾り付け。秋のフォンダンショコラの出来上がりです。

　クルミ拾いもケーキ作りも、天日干しの準備も、ベベを抱える母は、

クルミ割り器で殻を割る
秋の日課。

Journée de la noix

拾ったクルミは、玉入れの
ようにカゴに放り込みます。

割れた！ 石を使って
割ったクルミ。

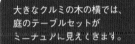
大きなクルミの木の横では、
庭のテーブルセットが
ミーナュノに見えてきます。

相撲部屋の親方のごとく指示を飛ばすだけ。毎年行う小さなイベント
を通して、ココの成長を感じています。

　ココの昼寝中は、庭の落ち葉集め。天気の良い日は必ずやる、くら
いのペースで自然に対抗する私。熊手を使った本気の作業です。
　「落ち葉を集めている最中、木を見上げてごらん！　また落ちてく
るから」
　田舎の先輩に言われました。おっしゃる通り。でも、光合成もでき
て、肩こり解消もできる良き時間なのです。
　クルミの木の葉は毒素を発生させるため、堆肥用の落ち葉と混ぜな
いのも田舎の教え。そのため、袋を分けて回収します。

　自然と距離が近いので、小さな季節の移り変わりでも、やることが
次から次へと湧いてきます。
　落ち葉拾いはその一例。飽きのこない田舎暮らしを楽しんでいます。

田舎のゆかいな仲間たち

寒さが厳しく食べものが少ない冬の庭では、
野鳥たちの「いきものがかり」に。
牛、馬、羊、ロバ、ヤギ、ウサギ、ハリネズミ、そして虫……。
飛んでるハエも指でつまむココに、
それぞれの性質を教えるド田舎暮らし教育。
ココにとっての新種が登場するたびに、
ココの動きよりもなるべくゆっくり動いてほしいと願う私です。

ポポポポ、ヤツガシラ

Houp-houp-houp, la Huppe

　例年、寝室の窓の真上の屋根にある瓦の中に、子育てをしに戻ってくる美しい鳥ヤツガシラ。ポポポポ……。特徴あるさえずりで、存在感のある野鳥です。

　初夏、わが家で生まれ育ったヤツガシラのベビーは、無事に独り立ちの時期。テラスでの夕食時、ベビーのもぐもぐタイムが見られないのは寂しいですが、巣立ってくれて何よりです。

　外を歩いていて親子の鳥を見かけると、○○さんのところの子かな、なんてご近所さんと話をすることもしばしば。まるで人間の家族について話をしている感覚です。

おかえりなさい！

ラベンダーとマルハナバチ

Lavandes et Bourdons

　6月、庭のラベンダーが目に留まる季節。

　ラベンダーに群がる虫はいろいろいますが、団体で来るお客さま
は、マルハナバチ（正確には、セイヨウオオハナマルハナバチというようです）。
スズメバチとは違い、穏やかなハチです。

　この日、庭の階段の脇に吸い込まれていくハチを追いかけ、巣を発
見しました。すぐに虫をつかまえようとするココに「虫さんがいるか
ら触らない！」と何度言ったことでしょう。両手を後ろに隠して「いま、
みてるだけー！」のポーズがお決まりに。

　衣装ケースに入れているドライのラベンダーは
作ってから5年は経ちますが、未だにいい香り。
この年も、ラベンダーシーズンが終わる前に、切っ
てドライにしました。

　ラベンダーの葉の部分は即席ポプリに。ココは
ヒナギクを摘み、ポプリをかわいくしてくれました。

ライフライン事情

嵐の日はネット環境が不安定だったり、
1日に使えるお湯が限られていたり、
ガスボンベは自分で交換といった生活ですが、住めば都。
少し不便なおかげで、星空の美しさ、自然との調和、静かな環境といった
便利な都会暮らしでは味わえない副産物がついてきます。

ド田舎暮らし ゴミ事情

Poubelles à la campagne

　普通ゴミの回収は月に2回！

　でも、驚くことなかれ。家庭から出る大部分のゴミは、リサイクル回収とコンポストなので問題ありません。

　リサイクルの黄色い袋は役場の入口に置いてあり、「ご自由に」お持ち帰りできます。スーパーで購入する大半のものはリサイクルできるので、リサイクルにもコンポストにも入らないゴミだけが、黒いゴミ袋に入るのです。

　夏場のみ、普通ゴミの収集回数が2倍以上に。週に2回の時もあり、よく考えられているものです。

ド田舎暮らし 郵便局事情

La Poste à la campagne

　フランスの郵便局では、営業時間を過ぎると、列に並んでいても目の前で窓口のシャッターを降ろされる話はよく聞かれますが、田舎はさらにマイペース。営業時間内でもシステム障害で受け付けてくれなかったり、居留守で閉まっていたり。

　そもそも私の住む村には郵便局がなく、隣村の郵便局の話です。まず、開いている時間が極端に短い。特に、夏のヴァカンスシーズンの営業時間は週4日、しかも午前中のみ。

　そんな事情から、普段は「いつも配達してくれる郵便局員さん」に分かるように、家の前に目印を出して、郵便物を収集してもらっています。

　ちなみに、フランスの田舎から田舎への普通郵便は、約1週間。日本からフランスへの普通郵便と同じくらい時間がかかります。

セルフデザインの
出産のごあいさつ
カード

好きな切手デザインを選び、オンライン決済し、自宅で印刷してポストに投函。
営業時間でも閉まっていることの多い郵便局に行くより、こちらの方が確実に早いのです。

石灰質の水

　わが家では、優秀な「ろ過マシーン（軟水器）」を備え付けたことで、水革命が起きました。

　私の住むシャラント＝マリティーム県の水は石灰分が多く、日本のおいしい軟水を飲み慣れた私たちには、慣れるまで味に違和感を覚えました。文字通りの「硬水」です。硬水とは「硬度」が高いことで、硬度は水中のマグネシウムやカルシウムの量によって決まるもの。つまり、このあたりの水はこれらの成分が豊富に含まれている、ということになります。

　マグネシウムやカルシウムを摂取するには都合がいいので、妊娠中は浄水器を使わず、鼻をつまんで飲んでいたのを懐かしく思い出しました。

　この水質が起こす問題は、頻繁に掃除が必要なこと。洗面台や調理器具には、いつの間にか白い石灰の塊が残りますし、シャワーヘッドや浄水器も詰まるので、定期的に掃除用のビネガーに浸していたのが前年までの日常。

　そもそもフランスでは洗濯をするさい、黒い衣料品には黒色専用の洗剤を、色柄物の衣料品にはそれ専用の洗剤を使うのが常識。これも実は石灰分の存在が大きく関係しています。石灰分のせいで黒いものは色が抜け、反対に白いものはグレーに変化するからです。

　洗濯洗剤にも、水の硬さにより洗剤を多めに入れるよう、指示が書いてあります。

道路を走っていてもこの通り。石灰質の土壌であることが一目で分かります。

　軟水器で水質が変わったおかげで、洗剤も一つになったし、洗剤を半分近くまで減らせるように。

　メンテナンスは、二酸化炭素の専用ボンベを年に１回交換するだけなので、長い目で見ても、地球に優しい生活ができるようになりました。

　こちらでは、多くの女性たちは極力水を使わない「拭き取り洗顔」をしています。それには慣れたので変えずにいますが、日本から持ってきた軟水を前提に作られたシャンプーも使えるようになったことで、小さな安心感が生まれました。

　緑茶とも相性のいいやわらかい水になり、日本にいた頃のようにお茶を気軽に楽しんでいます。

　ただし、水がやわらかくなったことは、洋食を作るにはデメリット。肉の煮込み料理や、麺にコシを出したいパスタ料理、パエリアのようにパラッと仕上げたい料理との相性が良いのは硬水。この「魔法の調味料」とはやむを得ずお別れとなりましたが、２リットルの水でも数十円で買えるフランス。必要な時は買いに走ります。

　土ももれなく石灰分が多いので、庭の土も一部入れ替えをして家庭菜園をしています。

　石灰分が多い土壌では、あまりお目にかからない巨大ミミズ。そのため、庭で大きな子に出会った時の感動はひとしお。ココが出会ってしまった日には、ハグしたい気持ちを抑え、握りしめて離しません。

硬水
軟水と硬水
軟水

フランスの水質マップ。
フランスはほぼ全土が硬水で
す。私の暮らすシャラント=マリ
ティーム県も水は硬いです!

石灰分の多いこのあたりの土。
大きなミミズは珍しく、久々の
ミミズとの再会に大興奮のココ。

ミニ図書館

Boîte à livre

　私の住んでいる村には、電話ボックスでできたミニ図書館があります。

　2012年頃から、使われなくなった電話ボックスをミニ図書館に変える動き（BilbioboXX）があります。学生たちが、電話会社から提供された電話ボックスをリメイクするなどして、図書館に変えて設置をしているようです。

　フランスには、街でも村でもよく見る小さな本箱「ボワット・ア・リーブル（boîte à livres）」があります。こちらは誰でも自由に持ち寄れて、気軽に借りることができる、街角のミニ図書館です。

　日本でも注目され始めた「リトル・フリー・ライブラリー（小さな図書館）」と一緒ですね。

　アメリカで誕生したエコロジーかつエコノミーな本箱は、2008年にフランスにやってきて以来、その手軽さが受け入れられ、フランス全土に広がっています。

　借りたら返す。自己責任ですが、みんなの力で成り立っているこの取り組みがこれからも続くことを願っています。

ギブアンドテイク

Donnant-donnant

　2022年4月のある日、お隣の空き家に白い馬たちがやってきました。ド田舎暮らしにも、原油高の影響！

　所有者のマダムと話をすると、草刈り機に入れる燃料の値上がりを考慮し、馬たちに新鮮な草を食べてもらうギブアンドテイク方式にするとのこと。1週間、敷地内の場所を変えて食べ尽くしてもらうそうです。

　ココは触りたくて触りたくて、朝から「マダムにでんわしてー」を繰り返していました。

　いつも草刈り機を乗せてくる、車につなげるワゴンから出てきた馬を見て、実際にココよりも興奮を隠せなかったのは、時代劇育ちの私。流鏑馬をやるのが昔からの夢なのです。

　あぁ乗りたい……。

　それから5日後、村を騒がせたニュース。

　草を食べ尽くした馬たちは、庭の柵を壊して、草をのんびりと食べていたところを、近所の農家さんに保護されて強制送還されたのでした。

　突然消えてしまったイケメンたちに、触るどころかバイバイすら言えず、納得のいかないココ……。

　エコなアイディアは良かったものの、自然な方法に頼るには、ある程度人間の見守りが必要ですね。

馬に触りたいー！と言うココ。

レシートは自動的にもらえない？

Fin de l'impression systématique des tickets

　レシートは、スーパーやお店をはじめ、マルシェでもメールやメッセージで送るのがスタンダードになりつつあります。

　2023年8月1日以降、買い物をした時に発行される紙レシートが廃止になりました。これはフランス国内で年間125億枚発行されているレシートの廃棄物削減を目的とした、循環経済法によるもの。

　2024年からは、客がその場で依頼しない限り、カード払い時に発行される決済レシートも含めて全て廃止となっています。

　紙の量を減らすことが大きな目的である以外にも、有害な化学物質に対しての人体への影響も考えてのことです。

　政府によると、紙レシートの90%がビスフェノールAなどの内分泌かく乱物質を含んでいるとされ、これらは妊婦と赤ちゃんに良くないと言われています。

　スーパーによっては、青っぽいグレーのレシートを使っていることがあります。この紙は化学薬品を使用していないため、体にも害がなく、レシートもリサイクルが可能です。

コンポストのススメ

Comment composter

　家庭菜園をされている方は、ご自宅で堆肥づくりをされている方も多いはず。ゴミが減らせて地球にも優しい「コンポスト生活」はオススメです。

　家庭ゴミの約3割を「生ゴミ」が占めているフランス。フランスでは2024年より、生ゴミの堆肥化が義務づけられました。

　それにより、一般家庭では「コンポスト」を使い、生ゴミを自分たちで堆肥化するか、自治体の回収場所に出すことになりました。

　実際には、義務化以前も、田舎ではコンポストしている家庭は多く、面白いのが、田舎的コンポストNGなもの（肉類・魚類・卵の殻）が存在すること。

　これらは、完全にネズミ対策。屋根裏の住人とほど良い距離を取って、うまく共存していきたいです。

わが家のコンポスト

傷んだ野菜

Légumes abimés

　2016年、食品廃棄禁止法が施行されて以来、大きなスーパーでは賞味期限内で売れ残りそうなものを慈善団体に寄付することが義務付けられているフランス。

　「無駄をなくす」動きは、スーパーでも廃棄が近い食品を集めたコーナーがあり、よく目にします。

　ある日のマルシェで持ち帰った傷んだ野菜たち。大きなカゴが一盛りで3ユーロ！

　野菜屋さんの横にひっそりと置かれたカゴの上の「傷んだ野菜3ユーロ」の文字が目に入り、「コレください！」とお願いすると「ちょっと待ってて！」と言って、さらにトマトを追加してくれた野菜屋のマダム。こういうのがマルシェの好きなところです。

　「傷んだ野菜」といっても、すぐ食べるなら問題ないべっぴんさんたち。ランチはトマトサラダやカプレーゼ、ディナーはやわらかいトマトたちをぜいたくに使ったパスタソースに。

　畑の物々交換や、マルシェのこういうお買い物は、大好物。食品ロスが少しでも減りますように。

トマトとモッツァレラのカプレーゼに生まれ変わりました。

これで3ユーロ！傷んだ野菜といっても、これで十分です。

親子でヘアドネーション

　ドネーションのために伸ばしっぱなしだった髪の毛。

　前髪であれば10cmから寄付ができる団体もあるため、いつでも行けたのですが、待っていたもの。それは、ココがヘアドネーションを理解できるようになる日。

　「いつか賛同してくれて、自分もやりたいと思うきっかけになれば」程度でしたが、まさかココが「ママと一緒にやる！」と言う日がくるなんて。

　3歳児。何度もヘアドネーションについて説明しました。

　プリンセスに憧れて髪を伸ばしていた子が、病気の治療により髪の毛を失ったお友達を手伝いたいと思ってくれたことに、母はただただ感激でした。

　フランスに移住し、多様性のなかで成長しているココですが、カツラを必要としているお友達がいることで学んだヘアドネーション。ココにもっと広い世界を見てほしい。これが小さな一歩になったらいいなと思ったものです。

　14カ月ぶりの美容院行きに大興奮の本人は、前回のアメリヘア（おかっぱ）にした時の写真を「コレニシテクダサイ」というために持って行きました。

　ママっ子のべべは人に預けることがまだ難しく、美容室が遠のいていた日々。「吊り革のようにつかまれる髪の毛をセルフ散髪して、ドネーションの団体に送り付けよう」と思っていました。

子ども用のカットクロスは大
好きなユニコーン。散髪後、
「わー！」とうれしそうなココ。

初めてのヘアドネーション。
美容師さんの手の動きに興味
津々のココでした。

ヘアドネーション用の髪の毛。母娘でこの日を迎えられたことにあらためて感激した瞬間でした。

　それを阻止するために、休みをとってまで美容院行きを勧めてくれたうちのフランス人。予想通り、ママから離れて泣きやまないべべとお店の外でウロウロ。そんななかで、リラックスできるオプション全部付けてね、という良きパートナーに感謝です。

　フランスでは、毎年4000トン近くの美容院からの髪の毛がゴミになっています。
　環境面からも、ロングの人が美容院で散髪するさい、ヘアドネーションがスタンダードになる日が来るといいな。

スイセン集めの森遊び

Cueillette de jonquilles des bois

　日曜日、昼下がりの森遊び。このあたりでは知られた野生のスイセンが群生する森へ行きました。

　生え茂るスイセンを踏まないように歩く、虫のために全てはとらないなど、ココにとっては学びの多い森遊びでした。

　キノコ狩りやエスカルゴ狩りに比べると、行く前のモチベーションが低かった私もスイセン集めに没頭し、マイナスイオンに癒やされた楽しい森遊びとなりました。

　前日にマルシェで売られていたミモザの花束。それを見た時に欲しいとは思ったものの、買いたいとは思わなかったのは、自然豊かな散歩道、ご近所さんとの物々交換、近くに森がある恵まれた環境にいるからだ、と森の中で思ったものでした。

「あした、せんせいにもっていくんだ！」と張り切って摘み始めたココ。

冬 時 間

Heure d'hiver

　冬に向かい、影がますます長くなっている10月の終わり。

　翌日から冬時間。10月最後の日曜日に時間調整があり、夜中の3時が2時になります。アナログな目覚ましをセットしている人は、1時間多く寝られる、というわけ。

　この時期の日の出は8:40とお寝坊のフランスの太陽が、冬時間になってからは7:40頃に。朝、「がっこう（幼稚園）」に送っていく時間が真っ暗なこの時期。体内時計が少し自然に近づきます。

　朝7:30に起きる子どもたち。冬時間になると、いつもの起床時間でも時計の針は6:30。ココたちの正確な体内時計により、1時間長く寝れるはずの初日のお寝坊は、夢のまた夢。ココは時計や教会の鐘で時間の説明ができるものの、べべはそうはいかずに早起き、という小さな時差が続きました。4日目の朝、二人ともようやく7:30起きに。

　でも日曜日、教会の鐘はまだ直されておらず、1時に鐘が2回ゴーンゴーンと鳴っていました。まぁ日曜日だし、というフランスの田舎らしさに、穏やかな気持ちになりました。

伸びた影を眺めながら、
身近な秋を探すココ。

おばあちゃんの日

　3月最初の日曜日、いわゆる敬老の日のおばあちゃん編。

　ココと2人で花束を買いに、街のいつものお花屋さんへ。店内には
たくさんの花束が並び、子連れでも時間をかけずに買えるので、あり
がたいフランスのお花屋さんです。ココが選んだのはマミー好みとい
うよりココ好みの花束。

　ところが、レジに並んだ瞬間「ママー、おしっこでちゃうよー！」

　ここで、フランスでのトイレ事情について。

　公衆トイレがあれば問題ないのですが、チップを取るような管理さ
れた観光地などのトイレではないと、汚いことが多いのです。トイレッ
トペーパーなしも珍しくないので、車にはトイレットペーパーを積ん
でいます。

　大きなスーパーやカフェなどの飲食店には、たいていトイレはある
ので特に困りませんが、当時はコロナ禍の衛生事情でデパートのトイ
レが使えなくなっていることもあり、知らない街だとアワアワするの
は日常。子連れ街歩きの場合は特に、公衆トイレやカフェの場所をあ
る程度把握しておく必要があります。

　お花屋さんでは、お客様用トイレなんぞあるわけもなく、ダメ元で
「トイレお借りできないですよね」とお尋ねしたところ、なんと快く「い
いですよ。着いてきてください！」と、店の奥の従業員トイレをお借
りすることができました。

　奥で働いていたスタッフさん全員にお礼を伝え、お会計を済ませて、
心も体も軽やかにお店を後にしました。

　トイレに飾られていた色とりどりのヒヤシンスのいい香りは、一生
忘れません。

街のお花屋さんでマミーへのプレゼントの花束を決めたココ。

ヤギとコウノトリに会いに

Allons voir des chèvres et des cigognes

　姉妹を連れて、ヤギの乳製品を作る生産者さんの元へ仕入れに行きました。この日は、いつも遊びに行く500m先の農家さんご夫婦と一緒です。ココ用のチャイルドシートをわざわざ用意して迎えに来てくれたので、ココはちゃっかり農家さんのミニバンに乗車。

　ヤギのミルクで作ったフレッシュチーズやトムドシェーヴル、ヨーグルトを調達。生産者さんと話をしたり、ヤギを見せてもらったり、身近なところでの社会見学となりました。いつ訪れてもヤギ特有の臭いがしない、キレイに手入れされたヤギ舎に、生産者さんの愛情を感じます。

　帰り道は、コウノトリの多い田舎道を通り、巣の中の親子の姿を何組か確認することができました。

　70年代の終わりには、絶滅しかけた白コウノトリ。かつて森林伐採などの自然破壊により、コウノトリの住む環境を壊した人間は、ニセモノの巣を用意して呼び戻す取り組みを県単位で行っています。

　私の住むシャラント＝マリティーム県は、このような取り組みにより、全国でも最多を誇る500組以上のコウノトリのカップルが確認されている県です。この日はニセモノの巣に入っている姿も見ることができました。

　帰ってからの楽しみは、生産者さんのところで仕入れたおいしいもの。チーズは濃厚。新鮮なヤギのヨーグルトは、全くクセのない上品なお味。1日の締めくくりに最高の夜ごはんとなりました。

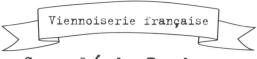

Cannelé de Bordeaux

カ ヌ レ

　フランス南西部ボルドーの伝統菓子カヌレは、正式にはカヌレ・ド・ボルドーと言います。カヌレ型とよばれる小さな型で焼くことと、蜜蝋を入れることが特徴の焼き菓子です。

　ボルドーではワインの澱を取り除く清澄工程で鶏卵の卵白を使うため、大量にあまった卵黄の利用法として考え出されたものといわれています。ワインとの切っても切れない意外な関係ですね。

　まぜまぜ、ねんね、オーブン任せ……。工程は、意外と簡単なカヌレ作り。お子さまとのお菓子作りにもオススメです。

Chapitre 3

学 校 教 育

フランスの義務教育 スクールライフ

フランスでは、2019年度から義務教育の開始が3歳になりました。
エコール・マテルネルの日本語訳は「幼稚園」。
小学校の敷地内や同じ建物内にあることも多く、
雰囲気も小学校に近いものがあります。
そこでわが家では「がっこう」とよんでいます。
ここではフランスの義務教育の現場を紹介します。

毎年変わるスクールバッグ

Cartables qui changent chaque année

　フランスでは新年度を前に、スクールバッグを用意することが求められます。日本のランドセルとは異なり、多くの子どもたちはバッグを毎年新調します。

　9月からの新年度に向けて、夏のヴァカンス期間中には、どこのスーパーでも特設コーナーが作られるスクールバッグ商戦。

　初年度、「がっこう」からは「A4サイズが入るスクールバッグを用意しておいてください」というざっくりとした指示が。スクールバッグに入れる持ち物は、昼寝用に「ドゥドゥ」とよばれる愛用のぬいぐるみ、それから着替えと水筒。

　ココと何度かお店のスクールバッグ売り場を見に行きましたが、年少さんには大きすぎたり、キャラクターものばかりでなんとなく違うな……と。

　そこで、私のデザインした柄の生地で、急きょリュックサックを作ってもらいました。

　世界に一つだけのスクールバッグを大至急作ってくれた友人に感謝です。

　7:45、義務教育初日の素晴らしい朝日。入園式や入学式はない国ですが、大自然のなかで朝日に照らされて、ココがいつもより大きく見えました。

　こちらの太陽はお寝坊です。短い秋が終わると、すぐに冬。真っ暗な登校時間に近づいています。

世界に一つのリュックサック。
ココもお気に入りです。

働くママを支える学童保育

Garderie pour soutenir les mères qui travaillent

　フランスでは、夏休み、秋休み、クリスマス休暇、冬休み、春休みと年5回の休みがあり、さらに毎週水曜日の休みが加わります。仕事を持つ母親はいったいどうしているのだろう、と思われる方も多いかもしれません。

　フランス国立統計経済研究所（INSEE 2020）によると、実際にフランスでは、子育て中の女性の約8割がフルタイムで仕事をしています。それを後押ししていると思われるのが「がっこう」と、それに付随する学童の仕組みです。

　フランスの「がっこう」は、日本と比べて保育時間が長く、ココの通う「がっこう」も16時過ぎまで。その後の預かり保育については園の方針によって異なるものの、ココの園では朝は7時から、降園後は19時まで園内で実施されています。子どもの平日もなかなか忙しいと感じます。

　全ての「がっこう」が、保育機能を備えた「認定こども園」というイメージでしょうか。自治体による各園内で実施されるため、親が幼稚園に迎えに行き、別の場所へ送り届ける必要がない、何ともありがたい形。

　学童利用の年齢制限は、幼稚園の年少組にあたる3歳児から小学校最終学年である小学5年生の11歳児までとなっています。

　サントル・ド・ロワジールとよばれる夏休み中の学童保育の話。
　エネルギーがありあまる3歳のココも学童デビュー。小さな村では、知った顔が集まる学童。ココがこの日を楽しみにしていたのも無理は

ありません。利用日はWeb上で仮予約。給食あり、おやつありという親にはありがたい施設です。

　気軽に利用できますが、子どもにつきものの病欠に関しては、医師の「診断書」がいる点にフランスらしさを感じます。夏のヴァカンスの予定が確定する前に、念のため学童予約を入れる人が多く、Web上のキャンセルは利用日の1週間前までは可能。それ以降は「診断書」がない病欠に関しては利用料を支払う必要があります。とはいえ、診察費用は社会保障で払い戻されるので、うまくできた仕組みなのかもしれません。

　夏休みのような長期ヴァカンス中の学童保育では、バスに乗って1日遠足に出かける日が週に1度は設けられています。ド田舎の学童の魅力は、グリーンツーリズムや自然豊かな野外でのアクティビティがほとんどであるということ。

　ココも初年度から、森でのピクニックや、川での水上スキー（実際にはベビー水上スキーとよばれる船につかまって動くスタイル）を体験する機会がありました。

　ベベを乗せたベビーカーを押して、とうもろこし畑を抜けてのココのお迎えは、7月末で終わりを迎えました。このあたりの夏の学童は、月ごとに施設が変わるので、翌月からは隣村へ。あっという間に夏休みの半分が過ぎたことを体感したお迎えの帰り道でした。

ベベを乗せたベビーカーを押してくれるココ。

125

年度末の遠足

Excursion de fin d'année

　年度末のビッグイベント。それはお弁当を持って、バスに乗って行く楽しい遠足！　この年の行き先は街の大きなマルシェと、ピクニックを挟んで、農家さんへの訪問でした。

　「がっこう」からは、今年もゴミの廃棄物削減を目指す環境政策「ゼロ・ウェイスト」のランチを持参するようにと、事前に連絡がありました。日本の弁当は、まさにこのコンセプトにぴったり。

　この時は、おにぎり、焼きうどん、ココと作った春巻き、だし巻き卵、牛ミンチのチーズハンバーグ、ニンジン、ミニトマト。デザートは、ココと収穫した庭のサクランボメインのフルーツ盛り。デザートはお弁当箱とは別で、フランス人を驚かせない小さな配慮。

　サンドイッチが多いであろうこちらのお友達のランチ。そんななか、日本のお弁当を食べてくれる間は、喜んで作りたいと思う親心です。

　あと1カ月もすれば、夏休み。長い休みが明けると、新年度が始まります。義務教育2年目の4歳。あっという間の年度末の思い出です。

さいごは　デザート！

絵本のお弁当が食べたい！そんなリクエストを受け、作った日本のお弁当。
イチゴの代わりに庭の木いちごとフランボワーズ。

『おべんとう』小西英子 作、福音館書店 刊

127

年度末のビッグイベント、学校祭

La Kermesse, grand événement de la fin d'année

　フランスでは夏休み前の年度末、ケルメスとよばれる「がっこう」とPTA主催の夏まつりが行われます。

　2年目のケルメスは、残念ながら小雨降るなかでの開催となりましたが、金曜日の授業後、幼稚園の発表に始まり、小学校も発表。その後、バーベキューの香りに包まれた校庭で、ケルメスは日が暮れるまで続きました。

　ココのクラスは、幼稚園の年少さんから年長さんの合同発表となり、1カ月間練習を繰り返してきた曲を保護者の前で発表。子どもたちが描いた背景画をバックに、カラフルなTシャツを着た子どもたちが並び、ユニセフの支援で生まれたフランス出身のキッズグループ「キッズ・ユナイテッド」の大ヒット曲を堂々と振り付きで歌いきりました。

　実は前年度、43℃の猛暑によりケルメスは中止となり、この年初めてとなったのです。感激と同時に、2年間お世話になった先生への感謝の気持ちでいっぱいになりました。

　猛暑で延期になった初年度のケルメスの代わりに、夏休み明けには乗馬クラブ貸し切りのイベントがありました。家族で過ごした最高の半日。

　ケルメスに始まり、ケルメスに終わった年中さんの年。年に2度もおまつりのあるレアな年でした。

がっこうの日常の風景を紹介し
たような小さな劇から始まり、
大合唱へと続きました。

学校にもある、
長ーいヴァカンス

ココも通う公立幼稚園から大学まで、教育機関全てが
全国共通の「学校カレンダー」に従って授業を行います。
「がっこう」の休みは、AゾーンからCゾーンの3つに区分けされます。
7週間は学校で勉強、その後2週間の休暇という
基本的には「7対2の学習リズム」です。

夏休み学習帳

Cahier de vacances

　夏休み中、日本のように「がっこう」からの宿題はない代わりに、多くの親が用意するもの、それは夏休み学習帳。夏休み前のスーパーや書店では、学年別のさまざまな学習帳が並びます。

　夏休み初日に、ココに学習帳をプレゼントするのがお決まりのわが家。普段は「にほんごタイム」というママとしか過ごさない家庭学習タイムですが、夏休み中はパパと過ごせるのがうれしそうなココ。学童後の楽しみができたようです。

　夏休み学習帳は、1年で学んだことを復習させる内容です。2年目のココは、学習帳の内容がとても簡単に感じたようで、毎日コツコツと絵を描き、問題を作り、オリジナルの夏の学習帳を作り上げてしまいました。毎日の学習帳が創作意欲をかき立てる役割を果たしてくれるなんて、それはそれでありがたかった存在。

　例年、夏休み中は、夏の学習帳と夕食前のプールがココの日課。パパが庭に設置した巨大な手作りプールです。

わが家の家庭学習タイム。パパと一緒にできるのがうれしそうなココです。

秋休み、トゥッサン

Vacances de la Toussaint

　11/1はトゥッサン（万聖節、諸聖人の日）。カトリックの祭日で祝日です。日本のお盆に近い感覚で、先祖のお墓参りに行く人が多い1日。この日に合わせて、「がっこう」は約2週間の「諸聖人の祝日」のヴァカンスに入ります。

　義務教育1年目は、子どもによくある感染症で、2週間丸々自宅安静で終了しました。

　2年目は、この年から始めた合気道の稽古を予定していたものの、合気道の子どもクラスも秋休みに入るとのこと……。スポーツや習い事、がっこう以外の活動も、ヴァカンス期間中はしっかり「休む」のがフランスです。

　秋休みにある定番の宿題はこちら。

　「もしお子さんと森を散歩する機会があれば、葉っぱ、ドングリ、クリ、マロン、クルミ、ヘーゼルナッツ、松ぼっくり、松葉、樹皮、苔、その他面白い材料を集めてみてください。教室で、秋の自然コーナーを作るので、拾い集めたものを学校に持ってきてください」

　連絡帳には決まってこう書かれているので、例外なく森に行く秋休みです。

オーガニック給食

Cantine bio

「今日どうだった？」よりも、「今日何食べた？」が、がっこう後、ココとの会話のきっかけ。

食は私たち母娘の興味の的、最も身近な共通の話題です。

ココが通うがっこうは、オーガニック給食。毎回お代わりするほどのお気に入りは、「キャロットラペ」。シンプルな料理であるだけに、味の濃いオーガニックのニンジンが4歳の胃袋をつかんでいるようです。最近では質問する前に「きょうは、キャロットラペと、おにくとおいも、ごはんと、ビオのヨーグルトだったよ」と会話を始めてきます。

ビオ（BIO）とは、フランス語で「オーガニック」のこと。地球環境を損なわない農法で育てられた、有機栽培農産物を指します。

オーガニックは、上質な生活の象徴のような存在でありつつも、今では庶民にも手の届く存在となっています。数年前と比較すると消費量の伸びは著しく、マルシェでオーガニック野菜の生産者さんを見かけ、スーパーには必ずオーガニックコーナーがあるほど。

ココのがっこうでは、給食について「地元の旬食材を使い、100%がっこう調理、週に1回はベジタリアンメニュー。調理にはエコロジーな洗剤などの製品を使うこと、ゴミの分別とコンポストをすること」と決められています。

ベジタリアンメニューに関しては、エガリム法（Lois Egalim）により、週に1回のベジタリアンメニューを提供することが義務づけられているフランス。環境負荷が大きい肉の消費量を減らす目的はもちろんのこと、ハラルミートなどに対応していない学校給食でも、宗教や習慣に対応できるようにという意味もあります。

野菜が育つのを見ながら歩く
ココとべべ。

レストランでのベジタリアン
メニュー。

　わが家では、野菜はオーガニックの生産者さんの畑まで、直接買い
に行きます。キロ単位で時価が決められ、畑で自分たちで収穫した野
菜を畑のマダムに計ってもらい、お支払い。夏にネギはなく、冬にト
マトはありません。本当に季節を感じることができる場所。

　野菜の育つ環境、実る姿を子どもたちも見せられるのも、食育につ
ながります。そして何より、そのものを知り尽くしたプロフェッショ
ナルとの会話が心地よく、毎回新しいことを得る学びの場でもありま
す。

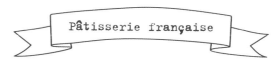

Pâtisserie française

Quatre-quarts et Gâteau au yaourt

キャトル・カールとガトー・オ・ヨーグルト

　フランスの家庭風パウンドケーキ「キャトル・カール」。キャトル・カールとは、フランス語で「4分の1が4つ」という意味。バター・砂糖・小麦粉・卵の4つの材料を同じ配合で作るため失敗しにくく、みんなが好きな焼き菓子です。

　このレシピの好きなところは、特別な材料がいらないこと。そして、材料の割合が決まっているので、手元にある分量で作れること。

　リンゴをキロ買いしたら作るわが家の定番スイーツは、キャラメリゼしたリンゴを入れた「リンゴのキャトル・カール」です。

　分量に関して、面白いフランス菓子といえば、ガトー・オ・ヨーグルト。

　フランスのレシピには、砂糖やオイル、小麦粉を空になったヨーグルトのカップ何杯分と記載されていることが多いです。これは子どもでも作りやすいように、という配慮から。実際にココのがっこうの調理実習でも何度か登場しているように、子どもが最初に習うお菓子として知られています。

Chapitre 4

フランスでの医療

妊娠から出産、その後の産後ケアまで社会保障でカバーされる出産の手厚さにビックリ！この数年は減少しているとはいえ、EU諸国中で最も高い水準を維持している合計特殊出生率（一人の女性が生涯に産む子どもの数）は1.68（INSEE 2023年）。部屋代、オステオパシーなどの代替医療は一部任意保険で支払えるので、日本の出産に比べると断然コスパがよく、高い出生率にも納得です。

Gynécologue-obstétricien et sage-femme

産婦人科医と助産師の棲み分け

　分業制のフランス。産婦人科でのエコーと、助産師さんの検診、あえて同じ日にそれぞれ2回目の予約を入れた妊娠5カ月。

　フランスの産婦人科でのエコーは、日本の約15回に比べて約3回（妊娠3カ月、5カ月、8カ月）と劇的に少ないのですが、1時間の大部分をエコーに費やし、明確なご説明を見ていただくというもの。日本での妊娠生活とは全く違う感覚です。

　かかりつけの助産師さんのところでは、主に病院での出産の流れ、入院生活について、病院の産科チームと麻酔科に予約を入れるタイミングなど具体的なご説明をいただきました。そしてセミナーの予約を入れて、たっぷり1時間お話をしました。

　助産師さんのところにはモニタリングのある診察もあり、不

安はありませんでした。基本的に産婦人科医はべべを、助産師はママを診ていく、そんなすみ分け。

　妊娠3カ月の最初の検診で、妊娠前と現在の体重を自己申告制でお伝えしたものの、2回目には聞かれることもなく、毎回測るのが当たり前だった日本での検診との違いを感じました。

　産前の出産準備教室、産後のペリネケア（骨盤底筋トレーニング）と社会保障内で母体をいたわるフランス。基本は、自分のカラダは自己管理。プロの手助けが必要な時は、手厚いサポートを受けられる。これがフランスの医療の好きなところです。

Chambre pour bébé

ベ ビ ー ル ー ム

　妊娠後期に入った頃。ママの体調が落ち着いていて、産まれてくるベビーの性別が分かる時期に、親たちが準備を始めるもの。それはベビールーム。

　退院後から一人で寝かせることが多いフランス育児。ベビールームは揃えるものが多くなります。フランス全土で1月と7月にあるセールにかぶったらラッキー！

　7月生まれのべべは、セールを待っていてはギリギリというタイミングでしたが、フランスの家族からいただいたベッドや小物のおかげで、フランスでは定番のオムツ替え台のみセール時期を待って購入するに至りました。

買うものリストの定番品
◉ベビーベッド／クーファン(簡易ベビーベッド)／ゆりかご：

親が添い寝できるよう、大人のベッドに付けられる小型ベッドの「コドド」が選択肢として挙げられることもあります。わが家は最初からベビーベッドのみでしたが、全てを揃えているご家庭もあり、おうちにお邪魔した時にいろいろと試させてもらったことがあります。

- **洋服だんす**：オムツ替え台の下が収納スペースになっていることが多いですが、それでも足りない場合はあると便利です。

- **オムツ替え台**：フランスのベビールームには定番。大人が立ったままオムツを替えられるので、体への負担がありません。わが家は、オムツ替え台としての任期を終えた後、学習机に組み替えられるタイプのものを購入しました。ココ用には、日本で輸入品を購入。便利ではありましたが、日本を離れる際の処分に苦労しました。周りに欲しい人はおらず、中古品販売の店でも引き取りを断られる始末。最後は、オムツ替え台にもなる学習机といって、引き取ってもらいました。国が変われば事情も変わりますね。

- **一人用ソファ**：ママが授乳をしたり、ベッドの横で腰掛けたりするためのもの。わが家は、二人がけのソファベッドを用意しました。べべの体調不良で夜中に起こされることが続いた日、私がベビールームに一晩居候するのに役立ちました。

- **ライト**：やわらかい光を放つものが推奨されます。わが家は色味や強さを変えられるライトに交換しました。

　一通り必需品が揃ったら、あとは好みの部屋へとデコレーションを施します。壁紙を替えたり、ベッドカバーなどを同じシリーズに統一したり……。ご家庭によって雰囲気がだいぶ違う世界に一つだけのベビールームが生まれます。

フランスではよく使われるナイトライト。色が変えられたり、1時間のタイマーがかけられる
タイプが重宝しました。

　うちのベベルームのコンセプトは、優しいジャングル。ライオン
やゾウが仲良く暮らす緑の空間に仕上がり、ココのがっこうの作品
も飾りました。

入院バッグ

　これは日仏の違いというより、あくまで前回の日本での出産で経験した入院バッグとフランスでの持ち物との違い。

　フランスでは入院バッグとはいわずに、出産スーツケースといいます。スケールが大きい理由は、持ち物の量の違い。フランスでは、病院によってはオムツの用意を求められることもあります。

　事前の出産準備教室で病院や助産師さんから言われた持ち物リストの中から、フランスらしい持ち物をご紹介します。

●噴霧器：水がミストになって出てくるスプレー。見た目は制汗スプレーのようですが、中身は水。ボルヴィックやエビアンのようなフランスのミネラルウォーター各社が作っている商品です。夏が近づくとスーパーや薬局でも店頭やレジ前に並べられるほど、フランスでは身近なもの。噴霧器はべべ用ではなく「ママ用に」と書かれていました。出産中の熱気を少しでも冷ますための配慮だと思います。

●体温計：フランスでは脇や

おしりで測るオーソドックスな体温計がリストに載ります。実際の入院生活では、看護師さんや助産師さんが部屋に来てくれる時は、病院のものをお借りできます。少人数で回すフランスの病院。基本は決まった時間にべべの体温を測って記録するように言われていたため、持参して正解だったと思います。

● **パジャマ**：ママ用、べべ用ともに自分で用意するフランス。日本では「退院時の赤ちゃん用パジャマ」と書かれる病院の冊子が多いと思いますが、フランスでは完全持参です。

● **ウールの乳幼児用セーター／ウールまたは綿のボンネット（帽子）／スリーパー**：おなかから出てきた赤ちゃんには体がなじむまでの数日間（特に産後48時間）は寒い外の世界なので、帽子をかぶらせます。夏生まれでも、スリーパーは分厚いもの。新生児用のパジャマが厚めなのはそのためです。帰宅後も1～2日は温度に慣れるまで厚着にするように、と事前の出産教室で助産師さんからの指示がありました。

医療が分業制になるフランス。医療的な書類の持ち物リストは、このようになっていました。

● **血液型カード**：公式に血液型を示すもので、私も移住後にこのカードを手に入れるため、採血してもらいました。カードといってもただの紙切れなので、財布に入れておくとボロボロになります。

● **検査機関の検査の結果／全てのエコー結果／麻酔の記録／妊娠関連の全ての記録**：分業制のフランスらしく、基本的に検査結果は病院管理ではなく自己管理。患者は分厚いファイルを抱えて病院へ行くものです。私は妊娠出産専用のファイルを作っていたので、妊娠中出かける時にはいつも持ち歩いていました。

ついに！出産当日

　前日、「いつもの看護師さん」に自宅に来てもらい、出産前最後の血液検査と尿検査。トキソプラズマの抗体がない私は、産後1カ月後に最後の検査もあります。

　実はビッグベビーがおなかにいたこの頃、早く産まれるのを予感して、9カ月検診を終えた直後に至急の検査訪問をお願いしていたのでした。

　七夕の日、ココと短冊を作る予定が、夕方から始まった陣痛により「がっこう（幼稚園）」から帰ってくるココを待って病院へ。緊急受付でしばらく待った後、手続きをして車椅子は断り、よちよちと長い廊下を歩いて産科へ行きました。

　出迎えてくれた看護師さんに「5分間隔で陣痛が来たので、産みに来ました！」と伝えると、「おめでとう！　とてもいいことよ。良き知らせ！」と、マスクからあふれんばかりの笑顔で答えてくれたのが印象的でした。

　お世話になった助産師さんは名前で気さくに話かけてくれ、出産時には本当に身を委ねて安心してお任せできた存在。呼吸を一緒に整えてくれて、必要に応じて神の手でうまくサポートしてくれた、最強の伴走者でした。

　フランスの出産では、お医者さんが登場するのは良くない兆候、と冗談のように言っていた助産師さんがいましたが、実際に私の場合、3回のエコー以外でお医者さんが登場したのは、切迫早産になりかけた緊急エコーの時のみ。助産師さんは医者

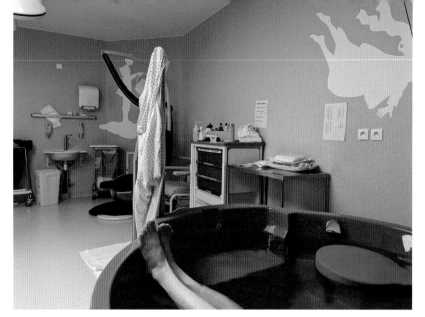
出産前に使った大きなジェットバス。ここでリラックスして出産の時を迎えました。

と同様に、処方箋を出す権限をもつ存在です。

　私の病院だけかもしれませんが、出産の現場にお医者さんが立ち会うことは少なく、緊急事態ではない限り助産師さんだけで回っていました。大きな病院ではありますが、出産の現場は基本的に助産師さんが2人。

　私の時は5人の出産が重なり、小児科の看護師さんが応援に来てくれるほど慌ただしかったのですが、的確なタイミングで寄り添ってくださり、安産につながりました。

　病院に着いてからは、尿検査、1時間のモニタリングを経て、「今夜はまだ産まれなさそうだから、帰ってプールにでも入ってくる？」と助産師さんに言われてしまいました。「帰りたくない！」との思いが通じたのか、陣痛の間隔が狭くさらに強くなり、「お風呂タイム！」という助産師さんの指示で、家族全員で入れるような巨大なジェットバスに1時間浸かり、体がリラックスしたところで、出産の時を迎えました。

　ジェットバスのすぐ横に用意された分娩台で、天井に描かれ

た桜の絵を見ながらのスピード出産。陣痛がなければジェット
バスを100％楽しめたのに、なんて思うほど余裕のある出産直
後でした。

　出産を担当してくださった助産師さんたちは、その後も出勤
のタイミングで部屋に顔を出してくれて、私の話に耳を傾け、
親身になって指導してくれたり、提案してくれたり。そんな姿
に感激しっぱなしでした。

ママはオムツ替え
チャンピオン

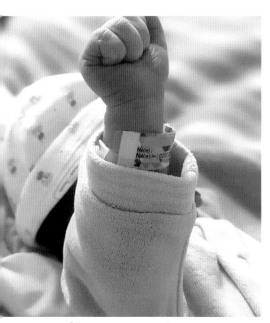

「教えてくれてありがとう」がオムツ替えのお決ま
り文句。

　赤ちゃんが泣くのは、おなか
がすいた時、眠い時、暑い時、
寒い時、愛情が欲しい時。それ
からオムツが濡れた時。

　べべは姉のココ同様、生後3
カ月頃まで、少しでもオムツが
濡れると替えるまで絶対に泣き
止まない性質でした。夜も例外
ではなく、当時の私、オムツ替
えの回数はチャンピオン級だと
自負していたくらい。

　「教えてくれてありがとう」

　オムツ替えのたびにそう言っ
て小さいカラダで必死に伝えて
くれたことへの返事としていま

した。余裕がない時でも、なんだか自分が優しい気持になれる秘策。

オムツが濡れるとオムツに現れる青い線から、少しのおしっこにも耐えられなかった娘たちを「ブルーライン姉妹」と呼んでいたことを懐かしく思い出しました。

フランスのオムツはかなり薄く、購入時のオムツパックの大きさは、日本の半分のボリューム。ガサガサしているので赤ちゃんには気の毒、と思っていましたが、嫌ならオムツの卒業は早まるだろうし、環境面でも正解かもしれません。

布オムツについては、使っている人は少数派です。オムツなど、使い捨て製品の組合である衛生グループは、2019年にANSES（フランス食品環境労働衛生安全庁）によると、フランスでは約20年間にわたり「95％以上の乳児が紙オムツを着用している」と推定しています。

ゴミの量に関して言えば、フランスで1年に捨てられる紙オムツゴミは35億個にも上るといわれ、一人の赤ちゃんがオムツ卒業までに捨てる重さは1トンといわれています。

オムツの卒業までに一人あたり何百個も必要となる紙オムツに対して、30〜40個程度で済むといわれる布オムツ。しかし、洗う必要がある点に、夏場は干ばつにより水不足が騒がれている現状ではなかなか多くの同意を得られないようです。洋服が汚れることも多くなり、洗濯物が増えたり、お風呂に入れる回数も多くなるといわれ、難しいところです。

捨てられた紙オムツは、焼却処分または埋立処分されている現状。ゴミの量を減らすため、オムツのコンポストも試験的に進められています。原稿を書いている現時点では、一般の流通に乗っての販売には至っていませんが、紙オムツ、布オムツ、コンポストオムツを選べるようになる日も近いはず。

ド田舎暮らしでは定期的に訪れる牛糞をまく光景が、堆肥オ
ムツの飼料に置き換えられる日が来るかも、と思うと大きな期
待と同時に何だかクスッと笑えます。

　オムツに関連して、生理用ナプキンの現状について。周りの
女性の間で布ナプキンを使ってる方は少なく、日本と同じで、
このタイプを使う人は「環境意識高い系」に分類されると思い
ます。
　ただし環境面で推奨されているのは確か。ハンドメイドの本
や雑誌に取り上げられているのはよく見かけますし、ハンドメ
イド作家さんのお店には、布系のこの類は必ず見かけます。

Sage-femme "traitante"

かかりつけ助産師さん

　退院の翌日、お世話になった助産師さんや看護師さん全員の
顔が頭に浮かびました。
　今回のフランスでの妊娠・出産では、たくさんの医療従事者
の方々、特に助産師さんにお世話になりましたが、全員に共通
して言えることは、明るく力強いプロフェッショナル。

　今のフランスの産院には、人員削減を理由に新生児室はない
ところがほとんどのようで、帝王切開であっても出産した日か
ら親子同室が基本。その代わりに、家族が一人泊まってもいい
ことになっています。
　私の場合、このタイミングで熱中症で帰ってきたココを残し

ていく事情や週末と重なったこと、お風呂のセルフリノベーションの予定から、家族が泊まる選択はしませんでしたが、それは安心して頼れる助産師さんたちがいるのを感じていたから。不安はありませんでした。

退院から1週間の間には、2度のかかりつけ助産師さんの家庭訪問がありました。

通常はかかりつけ医、または小児科医との生後1週間検診があるのですが、わが家のかかりつけ医は今週いっぱいヴァカンス中！　そういったおフランス事情から、特別に2回も来てくださいました。ありがたい訪問検診の内容

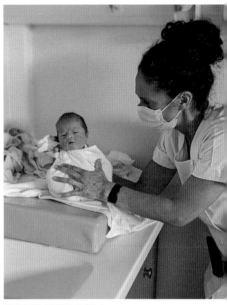

出産直前に出迎えてくれた
助産師さんとベベ。

は、ママの血圧測定、脚のむくみや子宮の回復具合の確認と、ベベの体重測定、黄疸測定、診察、腰や足の状態の確認です。母娘ともに順調に回復&成長を続けていました。

そして、私のかかりつけ助産師さんについて。

近くの村の助産師さんの診療所にいるのは出産した大病院で長く勤められた、ベテランのフリーランス助産師さん。妊娠中期から彼女にお世話になり始めました。

出産予定日の約3カ月前、うちのフランス人の海外出張中のこと。陣痛がきたため、助産師さんを受診し、モニタリングをしてもらったところ、念のため、と救急に行くことを勧められました。そして救急に行ってもすぐに対処してもらえるようにカルテをまとめてもらい、その足で救急へ、なんてこともありました。

異常を感じた時は、電話で気軽に相談ができる身近な存在でしたから、本当に何度も助けられました。

　エコーで、頭のサイズ感はアジアサイズだけど（フランス人ベビーと同じ頭囲でも横幅が広い……）、平均グラフから飛び出すほどの足の長さから、ビックベビーと言われ、「頭はママ、足はパパねー」と冗談を飛ばしてくれる親戚のおばちゃんのような助産師さん。

　診療所での毎週1時間全8回の出産準備教室では、毎回2～3人の妊婦さんが集まりました。日本で出産を経験してるにもかかわらず初耳なことも！　どの回も目からウロコとなった濃い勉強会でした。

　出生後検診では、避妊、食事、ベビーブルー、尿トラブルなどについてお話がありました。産後2カ月からは全10回のペリネ（骨盤底筋群）と腹筋ケアが始まりました。産後のケアを社会保障の範囲でこれだけやってくれる国です。

　日本では50～80％の出産した女性がベビーブルーになり、10～20％のママが産後うつになるという話もあります。

　フランスでは、産後にかかりつけの助産師さんが何度か自宅を訪問してくれたり、ペリネと腹筋ケアのため10回のセッションがあったり、社会保障でカバーされている範囲での見守りが多いです。また、産後3カ月ほどで子どもを預けて復帰するママが大半であることにより、産後に赤ちゃんと時間を過ごすことが日本よりも少なく、預け先のプロフェッショナルと関わる機会が多いことなどから、産後うつが少ない印象を受けるのかもしれません。

身近な代替医療、
オステオパシー

　日本には大正期にカイロプラクティックと同様にアメリカから導入され、指圧や整体といった日本の手技療法に大きな影響を与えた医療哲学であるオステオパシー。

　妊娠中、おなかの中のべべの位置により寝づらくなった際、頼れるオステオの先生に助けを求めて受診しました。べべの位置を真ん中に寄せてくれた凄腕の先生のおかげで、よく眠れるようになりました。

　オステオマジックは今抱えている不調以外にも、緊張のある部分を指摘してくれます。私にとっては魔法！　心強いプロフェッショナルが近くにいて、「手当て」してくれたことに感動を覚えています。

　産後、カラダが歪むのはママだけではなく、命がけで産まれてきた赤ちゃんも同じ。生後にオステオで診てもらうことも珍しくないフランス。たとえば、授乳で片方のおっぱいしか飲まない赤ちゃんがいると、ママ側の問題だけではなく赤ちゃんのカラダの歪みも疑われます。べべも生後10日で生まれて初めてのオステオパシーへ行き、足から頭、口の中までしっかりと診てもらい、目立った異常なしとの判断でした。一安心。

　フランスに来た年、ココもお世話になったオステオパシー。当時、片側だけの中耳炎が続いていたココ。産まれた際にできた口内の若干の歪みが関係している、という意外な理由も突き止めていただきました。

妊娠中の小さな不調時、駆け込み寺のような存在だったオス
テオ。薬に頼らず、自然治癒力を信じるソフトな手技療法は、
赤ちゃんや子どもにもオススメです。親身になってくれる素晴
らしい先生に出会えたご縁にも感謝。

　産後、ペリネと腹筋ケアが始まるのを前に、産後初めてのオ
ステオにカラダを整えてもらいに行きました。

　オステオパシーは、代替医療ということもあり、社会保障が
使えず、ミュチュエルとよばれる任意保険もしくは全額負担で
支払います（1回の施術は、平均60ユーロ）。任意保険での払
い戻しのために、請求書が必要になりますので、お忘れなく。

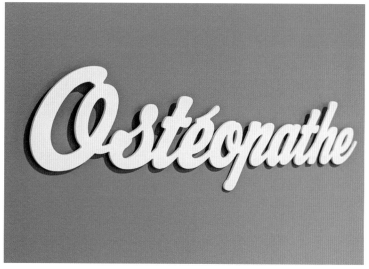

べべ、生後10日で生まれて初めてのオステオパシーへ。
しっかり見てもらいました。

マイクロ運動療法

　産後のカラダに小さな不調や不具合が出るのは、考えてみれば自然なこと。

　出産の少し前からは左の親指の付け根が、その後は右の親指の付け根も痛くなり、力が入らずほぼ機能しない状態の親指さんたちをかかりつけ医に診察してもらったところ、手根管症候群の疑いが。

　妊娠・出産期や、手が小さい人に起こることがあるようです。手が小さい私は、通るべき道と思い、塗り薬と気合いでやり過ごしました。その後いつものオステオパシーの先生にも施術してもらい、かかりつけ医にもマイクロ運動療法の先生を紹介してもらいました。

　はじめてのマイクロ運動療法。運動療法（キネシセラピー）とマイクロ運動療法の違いは、前者はいろいろな動きを先生と一緒にやっていくのに対し、後者は運動療法とオステオパシーに由来するもので、さらに小さな動きで施術をしてもらうもの。オステオ同様、先生の神の手で診てもらい、心地よかったです。結果、手根管症候群ではなく、産前のストレスや育児の疲れによって、カラダがブロックされてしまい、それがよく使う部分に出た、とのことでした。

　親指たち、頑張りました。産後のカラダには不具合はいろいろありましたが、それ以上にたくさんの喜びもあり、うまくできてるなーと感心したものです。

社会保障でペリネケア

　出産から3カ月半。産後の緩んだ筋肉を戻して、体を整えるためのペリネと腹筋ケア。社会保険適応の全10回、完走しました。伴走してくださる助産師さんの指示をしっかり聞いて、宿題の筋トレも、立って、座って、寝転んで、ヤンキー座りでと「ながら」でこなした2カ月間でした。

　ケアの前半戦、必死すぎて息をすることを忘れ、酸欠で頭がフラフラだったのが、後半、腹筋トレーニングに入った頃からは頭に電球マークがついたように分かった！　という感覚に。ポーズの種類は、たとえば跳ね橋、（城門の）落とし格子、ちょうちょ、けん玉、卓球……。イメージだけで、微妙に違う筋肉を引き締めることができることに毎回驚きました。うまくできないと、「右の羽が重たいちょうちょをイメージして」など、的確なご指導をいただいたものです。

　妊娠中、かかりつけ助産師さんとは9回の出産準備教室、切迫早産のリスクがあり緊急で診てもらったことも含めて4回の検診、家庭訪問を含む産後4回の検診、その後10回のペリネケア。電話やメッセージでの相談も何度かさせてもらい、この半年の間に出産を挟んで濃く関わっていただきました。

　定期的に会えなくなる寂しさ。マダムにまた会いたいし、マダムのおかげもあり無傷の超安産だったので、3人目も産みたいかも、と最後に渡した手紙につづったほど。大好きな担任の先生とお別れする卒業式の気分でした。

　ペリネと腹筋ケアの最終日、今までやったことをいつも以上に念入りにテストしていただき、初日のカラダの状態が1点だったのに対し、5点満点中5点との結果。やった！

　日本で一人目を産み落としたママとしては、日本でも産後、ペリネケアが当たり前に受けられるようになるといいな、と強く願うばかり。産後、ダメージを受けたカラダは戻すもの。産後のママたちが心もカラダも元気に生きられますように。

　個々のエネルギーがみなぎり、マスクの向こうの笑顔が見えるような医療従事者の方たち。完全予約制で時間に余裕が生まれるからかなとは思いますが、患者との距離が近く、問診から大部分を読み解くスタイルです。

　私世代のお医者さんはまずコミュニケーション、具体的には社会学から学ぶ、と医学部にいた人から聞いたことがあります。哲学の国らしい方針ですね。

D'abord, un médecin traitant

まずはかかりつけ医

　フランスでは、2005年よりかかりつけ医制度を施行。保険診療を受診する流れの最初の入り口として、かかりつけ医にかかることが義務づけられています。

　どんな症状でも、まずはかかりつけ医で受診をし、必要があれば専門医や専門病院への紹介状を書いてもらうというシステムです。

　私は迷わず、一時滞在の時に何度かお世話になった女性の先生をかかりつけ医に選びました。真摯に向き合ってくれる、優しくもかっこいい先生です。

　移住してきた年は「まずはメディカルチェックを」ということで、血液検査の処方箋を書いてもらったので、看護師さんに自宅に来てもらい、採血しました。

村に病院がない環境に加え、移住当時は病院に行きづらいコロナ禍、社会保障の範囲内でこういうサービスはありがたいものです。

3歳検診を受けるココ。

Carte Vitale

健康保険証

時間がかかった健康保険証の手続き。「健康保険証を手にすることができた記念日」という、日本では考えにくい記念日が生まれたほど。

5カ月もかかった手続きの流れを、ざっくりとつづります。

申請に必要な身分証明書、住所証明書、銀行口座証明、戸籍謄本の原本と、法定翻訳などの書類を揃えて郵送。

通常、1カ月もあれば書類が自宅に届くようですが、ヴァカンスシーズン前にもかかわらず、その後音沙汰なし。電話をすると、記録上は配達されているのに、紛失したとのこと！　紛失は珍しいことではないので、今度は指定されたWeb上に送付。

その後、待てど暮らせど連絡はなく、再び問い合わせ。すると今度は、システム障害とやらで書類が見当たらないとのこと！　再度送付してようやく受理されました。

　この間、幾度となく電話しましたが、つながりにくいフリーダイヤル。毎度、流しっぱなしで待つこと数分。渡仏後しばらくの間、これがわが家の朝のBGMでした。

　ここまでで3カ月。

　社会保障番号を得るまでにも頻繁に電話をかけ続け、仮の社会保障番号を入手。その後、今までの医療機関や薬局での支払い分を払い戻してもらうための書類を揃えて、健康保険の事務所窓口に並んで提出しようとした瞬間、

　「正式な番号が届いていますよー！　書き直してくださいね！」

　と、書類の束を戻されてしまいました。待ちくたびれたココが床でひっくり返るなか、全ての書類の社会保障番号を一人書き書き、書き直し。

　社会保障番号は、性別、誕生年月、出生地などに基づいて決定される13桁の数字と、末尾2桁の合計15桁で構成されているため、電話番号よりも長いもの。

　その後顔写真を送付して、約1カ月後。ついに、顔写真入りの健康保険証を手に入れたのでした。

　気づけば5カ月にも及ぶ手続き劇。フランスにいることを体感した待ちぼうけ。

　たかが保険証、されど保険証。毎回薬局に行く際に、住所、電話番号、名前、社会保険番号を口頭で言っていたのが、保険証の提示だけで良くなり、大げさですが生きやすくなりました。電話口や窓口の方々、警備員のムッシュー、ご対応いただいた皆さん、驚くほど親切で救われました。

歯医者さん

　フランスでは、3歳で初めての歯科検診があります。乳歯の観察と、虫歯のリスクを判断します。

　ココも3歳になり、めでたく歯科デビュー。まるで遠足のように楽しみにしていた歯医者さん。電動歯ブラシのオススメを教えてもらい、歯磨き粉をお土産にいただき、無事にデビュー戦終了。
　続いて受けた私の歯科検診。問診票を記入した後、歯のレントゲンを撮ってもらい、親不知（おやしらず）が動いていないことを確認。ちなみに親不知は、フランスでは「知恵の歯」と言うのが面白いところ。

　虫歯もないことを確認いただき、また来年！　さようなら！ものの5分で終了した検診でした。
　緊急でない予約はずいぶん先になり、ココの場合、検診の通知が届いてから歯医者を探し、予約を入れて約半年待ち。3歳検診が4歳検診になり得るお国事情。
　特に地方では、医師不足から新規患者を受け入れられない専門医が多かったりという理由で、予約が取れても数カ月後〜1年後、という医療の砂漠化問題を抱えるフランスです。
　時間がかかる予約事情はあるものの、先生のマスクの向こうの笑顔に癒やされたランデブーでした。

Pâtisserie

Cookies

クッキー

　クッキーは各家庭にそれぞれのレシピがあるもの。おやつピクニックやお呼ばれの時に持っていき、友達とレシピを交換したりして楽しんでいます。

　週に1度は作る簡単なざくざくクッキー。好みの味を食べる分だけ作れて、コスパよし。包装を減らせて環境にもよし。

　焼く前は、ほぼ具。生地はつなぎ程度なので、お好み焼きのイメージです。全粒粉と粗糖が好きなので、基本は変わりませんが、中に入れるものは家にある材料で適当に作るので、毎回違うクッキーになります。それがまた楽しいのです。

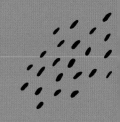

Chapitre 5

日本との違い

フランスのド田舎に来て3年。今や暮らしのなかで驚くことは少ないですが、日本と比較したときにその違いを感じたことは大小さまざま。それぞれの実体験エピソードとともに紹介します。

愛 国 心 な ら ぬ 、 愛 県 心

フランスには「県ナンバー」があるのをご存じですか。

アルファベット順でフランス本土の全ての県には「01」から「95」までの番号が、フランスの海外県と海外地域圏の5県には「971」から「976」までがつけられています。

車のナンバープレートに付けられたこの番号を見て、ほかの地方の人を冗談でからかうことも多いフランス人。

めちゃくちゃな運転をしていたパリナンバー（75）の車を見て、「パリジャンめ」と言ったり、法定最低速度に満たない運転をしている人に出くわすと「あののんびりさんは○○県からの観光客ね」といった感じで。

自分のキノコ狩りスポットに止められた車が「よそもの」だとタイヤに穴を開けられる、なんて笑えない冗談も耳にします。

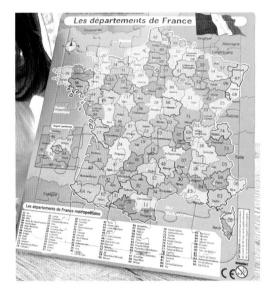

県ナンバーは一般教養。ココと県番号の書かれたフランス地図パズルで学習中です。

お寝坊文化

　母に「お天道様に申し訳ないから、朝一度は起きて太陽を浴びなさい」と育てられた私。フランスの「お寝坊」文化には未だに驚かされます。平日はお寝坊するわけにいかないぶん、週末の話にはなりますが、夫婦で「今週末はパパ、来週末はママ」なんて決めて、計画的に「お寝坊」している友人も。

　「お寝坊をする」というフランス語の表現は、「まったりとした眠気の中に身をゆだねている」というニュアンス。お寝坊はフランスに限ったことではありませんが、この表現を聞くたびに睡眠にまでもフランス時間が流れていると感じるのは私だけでしょうか。とはいえ、農家さんは早起きですけどね。

ボードゲームの人気の高さ

　大勢で集まる時には、食事の前のアペリティフは必須。そんなアペリティフ文化により、ボードゲームやカードゲームをする機会の多いフランス。

　人生ゲームやUNOを思い浮かべる方も多いかと思いますが、フランスにはたくさんのボードゲームやカードゲームがあり、難易度もさまざま。3歳くらいからできるゲームもあります。

　大きな街であれば必ず専門店があるほど。親戚の家にはゲーム専用の収納部屋まであったりします。

子どもの38.5度は微熱？

　日本の保育園では、37.5度以上熱がある時は登園NGでしたが、フランスでは38.5度は微熱と捉えられている感覚。実際にべべがお世話になっている保育ママのヌヌさんも、38.5度までは預かり保育可能と微熱扱いです。

　基本的には自然治癒力を信じるフランスの医療では、熱が出た際の体温の変化が、病気を特定する大きな手がかりとなるため、必ず問診で確認されます。そのため、小児科に当日予約の電話を入れて熱が続いていると言っても、38.5度以下の熱だと「今は診察に来る必要はない。翌日に様子を見て電話するように」と言われることもあります。

夜、トイレの水は流さない

　フランスでは、夜にトイレの水を流さないのが一般的。これは寝ている人を起こさないための配慮。わが家では22時以降は流しません。

　古い建物が多いフランスは、配管の老朽化などによりトイレを流す音が響くことも珍しくありません。

　郷に入れば郷に従え。人の家に泊まりに行く際は、夜の何時以降はトイレの水は流さないか、事前に確認したほうがいいかもしれません。

うがい、手洗い、鼻洗い

　日本ではうがい薬を使った「うがい」が一般的なように、こちらでは鼻スプレーを使った「鼻洗い」が一般的。わが家は日本とフランス、2つの国のいいとこ取りをして、「うがい」「手洗い」「鼻洗い」が帰宅時の習慣です。

　鼻洗浄は鼻の中だけではなく、喉のほうまで洗う画期的な方法。日本にいた新生児の頃から、生理食塩水が入ったスポイトのようなタイプで洗っていたココ。洗った後が気持ちいいのか、3歳でスプレーに移行しても全く嫌がりませんでした。

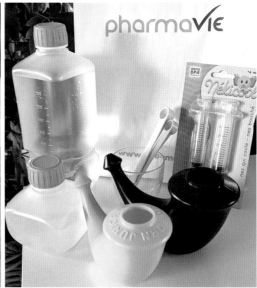

（左）鼻洗い用スプレーとスプレータイプの点鼻薬。（右）生理食塩水や塩を入れて洗うタイプの器具。

予防のみならず、軽い風邪なら医者いらず感も強くなりました。かかりつけ医のところへ行っても鼻スプレーの処方箋を出されることが多いので、結局、自分の体は自分で治すといった感覚です。

　鼻スプレーの種類は、生理食塩水だけのシンプルなもの、1日に使える回数の限られた薬用成分の入った強烈なもの、子ども用などさまざまです。

　フランスにお越しの際は、こんなフランス土産はいかがでしょう。

Restos du Cœur

心のレストラン

　3月のある金曜日。

　親戚ファミリーのお泊まりを前に、食事係、アペリティフ（食前酒）用のお酒やおつまみの材料を買い出しに、街のスーパーへ行きました。

　スーパーの入り口で、白いビニール袋とチラシを配るボランティアの方たち。この時期のフランスではよく見る光景です。Les Restaurants du Cœur、通称レスト・ドゥ・クール。直訳すると「心のレストラン」。

　1985年に社会派ユーモリスト（お笑い芸人）兼俳優であるコリューシュ（Coluche）によって設立され、ホームレスや低所得者に向けた食事の提供をメインにさまざまなボランティア活

動をしているフランスの団体の一つです。「愛のレストラン ／ 思いやりのレストラン」といったところでしょうか。

　自分の買い物をするついでに、寄付用に購入した商品を渡せるので、募金よりも気軽に参加できます。調理済みの料理の缶詰やクッキーなど保存が利く食料品や、生活必需品などが寄付の対象品です。

　この時は、カスレや仔牛のホワイトソース煮込みといった定番フランス料理の缶詰から、衛生用品や赤ちゃん用品まで一緒に寄付。

　身近な誰かのために買い物をした、本当にそんな感覚になりました。

　食糧支援としては、学校でも袋とチラシが配られ、その期間に学校で回収するということもあります。募金も受け付けていますが、それとは違う協力の方法。

　何となくハードルが高い募金とは違い、食料品や生活必需品の寄付は身近に感じられます。

　毎年3月を中心に、設立者の思想に賛同した有名人によるグループが資金調達のためのコンサートも。DVDやCD 1 枚の売り上げで、17食が配布されているようです。

　楽しみながら活動に協力ができる、何ともフランスらしい寄付の形。今後もたくさんの賛同がありますように。

マイバック持参が基本

　エコ先進国といわれるフランスでは、2016年から使い捨てのプラスチック製レジ袋は禁止になりました。スーパーの有料の買い物袋は使い捨ての物ではなく、今後「買い物袋」として使うための布製の物などになっています。

　野菜や果物の量り売りが当たり前のこの国では、スーパーによっては、量り売りに使う袋もプラスチック製から紙袋に移行してきています。電子はかり上で「袋なし」の項目も選べます。

　以前、とある大手のスーパーでは一時期、無料で小さな布の袋を配布していました。これを毎回持ってきて、野菜や果物の量り売りに使ってください、というもの。企業が一般市民を突き動かすエコな取り組みで、「チーム地球」の一員になった感覚が心地良かったです。

　フランスでのマイバッグの使い方ですが、スーパーで手に取った物をそのまま持参したマイバッグへ入れてもOKです。お会計のさいにいったん全て取り出して精算し、またマイバッグへ。慣れてしまうと、これが楽。

　紙袋が主流だったアパレル系のお店でも布バッグが増えてきている印象。プレゼント用の包装紙にも、布バッグをオススメされることも多いです。

　古い家はリノベーションするのが一般的。それも自分たちで当たり前のようにやることが多い国、フランス。

　私たちの場合、街の工事屋さんが来てくれない場所柄、自分たちでやらざるを得ない事情があります。

　住みながらの工事は大変でしたが、自分たちでリノベーションした家は、たとえ失敗しても良き思い出。愛着が湧きます。キッチンのシンクの下の壁には、ココとパパとママ、3人の手形と日付を残しました。

　私たち夫婦の夢。それは、大好きなドルドーニュ県で、古い農場を買ってリノベーションすること。ゆくゆくは民宿やアトリエ(料理やデザイン)のある場所を造ること。

　子どもが巣立った頃に夢が実現することを願って、子育て、お仕事……。現実を楽しんでいます。

セルフリノベーション、
はじまりはじまり

　古い家の拡張工事とリノベーション。自らが指揮官になって
工事を進めると決めたことから、家の中が現場と化しました。
資材の搬入日程や、大工さんや電気工さんのスケジュールに合
わせて、ココが「がっこう」に行っている間、仕事の合間にで
きることを少しずつ。

　石工、大工、左官、配管工、電気工……。最初に連絡をして
から4カ月。相見積もりを取るにも、材料を取り寄せるにも、
ここまで来てくれる人が少ないのです。そして、お願いする
人がやっと決まった2021年の夏。ヴァカンスシーズンにより、
早速大工さんたちとは音信不通に。

　DIYはある程度の心得があるので、見積もりを基に自分たち
でできるところを家族会議で決めて、材料探しのためにいろい
ろな街へ行く日々が始まりました。

　通常の工事だと付加価値税が20%かかるのに対し、リノベー
ションの場合は付加価値税が10%と、国も後押ししています。

　フランスでは、歴史的建造物を保存する法律により、歴史的
建造物を中心に半径500m以内の建築行為に規制がかかります。
わが家も古い教会が近くにあり、扉の色や種類を自由に選べな
いため、決まりに沿った工事であるという大量の報告用の書類
作りをしました。

　このためにデザイナーを続けてきたのかも？　なんて思いな
がら、工事のビフォーアフターのイメージ作りなどをコツコツ

と。そして、その書類を村役場へ。

　その後も、家の前の道が法的に大きなトラックが入れる道か確認したり、買い集める資材について大工さんたちと何度も電話やメールをして迎えた秋。大きなガラス戸の搬入のため、家の前の小道に19トンのトラックが到着しました。ただ、母屋と倉庫をつなげる家の大工事は、大工さんの事情により1週間遅れて始まることになり、なんだか拍子抜け。

　何でも時間のかかる国。気長に待つことに決めたのでした。

たかがペンキ塗り、
されどペンキ塗り

　職人さんたちのお仕事が終わった翌週は、ペンキ塗りウィーク。　初日は、ホームセンターで購入したペンキで地塗りです。

　ペンキ塗り2日目を前に「仕上げ用に、質のいいペンキとワンランク上の道具を」と、プロ御用達のペンキショップへ。地塗りを終えたところで……と話を切り出し、地塗りのペンキ名を言うと

　「Ça n'existe pas !（そんなのはないよ！）」

　説明してもらったら、今使っていたものは「プロ志向の大衆向けのペンキ」ということが分かり、奥の深いペンキ塗りの世界を覗いた気分になりました。

　一部に色を入れることに決めた仕上げのペンキは、色見本帳の中から、落ち着いたブルーを選択。目の前で、機械が白いペンキに赤や黒を少し混ぜて、そこから別の機械でまた混ぜ混ぜ。見ていたら、釘付けになってしまいました。

　値段の違いは明らかで、ペンキがよく伸び、

塗りやすい。地塗り後の壁の全体には白色を、一部の壁には特注ブルーを重ねて、ペンキ塗りは無事に終了。

　田舎の先輩たちや職人さんのアドバイス通り、確かに地塗り用のペンキは手頃なもので十分、と体感。残った特注ブルーのペンキに白色を混ぜて、当時水色が好きだったココの部屋も壁の一部を塗り直しました。

色見本とにらめっこ、キッチンリフォーム

　セルフリノベーション工事のピークは、リビングとキッチンの全面改修です。色見本とにらめっこし、シミュレーションや家族会議を繰り返して決まった壁のペンキの色は、写真の通りです。

　ここで、キッチンのリノベーションのダイジェストをご紹介。

　9月：キッチン資材を比較して発注。電化製品、コンセントの細かなパーツに至るまで、職人さんたちにアドバイスをもらいながら、自分たちで物品の買い揃え。

　12月：資材の搬入日程に合わせて、小さなキッチンを少しでも広げるべく、壊してもいい壁を自分たちで破壊。

　1月：ペンキを塗り終えて、キッチン家具の取り付け。

　ド田舎暮らしでは来てくれる業者さんや職人さんが限られる事情もあり、これでも時短工事。ようやく落ち着ける場所が生まれた安心感でいっぱいです。

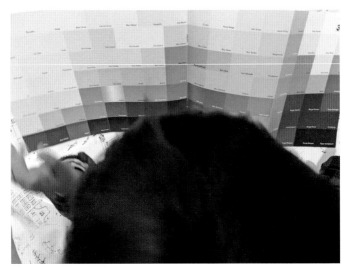

色見本とにらめっこ。ココも意見を出しました。

（左）屋根裏に断熱材のグラスウールを追加で敷き詰めました。（右）床を平らにしてから、床貼り。
この期間、キャンプ状態。水道も撤去し、キッチン水なしの1週間でした。

Emmaüs

エ マ ユ ス

　年に2回あるフランス全土でのセールシーズン。

　夏のセールが真っただ中の時のこと。食卓テーブルを新調し
ようと、家具屋さん巡りへ。造り手さんの思いのこもったテー
ブルをたくさん見て目移りするも、幼子2人のいるわが家の実
際の使い方を考えると、テーブルを保護しながら使うのは本末
転倒という結論になりました。

　「だったら、古い木のテーブルを磨いて、新たに命を吹き込
もう！」ということで、エマユスへ行きました。

　エマユスは、カトリックの司祭アベ・ピエール（Abbé Pierre）
によって設立された慈善団体。第二次世界大戦後、ホームレス
や社会に適合できなくなった人たちが完全路上生活に陥ってし
まわないために、自らの資金を投じて彼らが集まり共同生活す
る場所（エマユス）を設立したのが始まりです。

　彼らが自ら不用品の回収をし、集めた物を修理。それをリサ
イクル品として販売することで、仕事を持ち、利益を得て、彼
らが社会の一員として自活していけることが目的です。今でも、
一般から寄付された不用品、家具、電化製品、じゅうたん、服、

店の外にズラリと並ぶ椅子たち。

本、おもちゃ、雑貨、食器など、さまざまな日用品が格安で売られています。

多くのフランス人は、まだ使える不用品や古道具、古着を処分する時、エマユスに寄付するか、フリーマーケットに出すかを検討します。フランスには「修理文化」とも呼べる文化があり、不要になった物が集まり、また別の人が買って使う、というサイクルが成り立っています。

年代物の一枚板のテーブルの購入を検討したこの時のエマユス訪問でしたが、残念ながら、昔のテーブルは現代人には高さが低すぎて、断念。6脚の椅子とセットで買ったら200ユーロという掘り出しものでしたが、見送りました。

こんな立派な家具たちも格安で売られています。

家を乗り換えるフランス人

　一生家を探し続ける印象のあるフランス人。どの街に行って
も、不動産屋のショーウインドーに貼られている物件情報の前
で立ち止まって見る人がいたり、フランス人が集まれば不動産
の話になったり……。

　自分たちですることが珍しくないリノベーション。趣味とい
うより、衣住食の「住」の部分が生きる基本であることを表し
ているかのよう。家を直して付加価値を付けて売る、を繰り返
す人もいます。

　フランス居住から約1年半がたった頃、私たちも大好きなド
ルドーニュという地方での理想の家探しを始めました。当初の
計画は、石造りの古い農家を自分たちでリノベーションするこ
と。ただ、地震が少なく古いものを大切にするこの国では、予
想をはるかに超えた古い物件を見る機会が多く、タイムスリッ
プのような経験をしたものです。16世紀の物件を見に行った
ことも。

　でも問題は、リノベーションのボリューム。家の断熱につな
がる壁、天井、窓の状態や、熱源となるものの古さなどは、リ
ノベーション物件を選ぶうえで重要なポイントとなりました。

　いろいろな古い家を見て回ったことから「リノベーションを
始めたらキリがない。べべとココのいる今の自分たちに、そこ
までする時間がない」と気づき、方向転換。

　そこで家を建てるべく、土地探しに切り替えました。中古物
件の価格は高騰しており、たとえ壁や屋根が壊れているような
ひどい状態でもポテンシャルのある家は高く売り出されている

もの。

　むしろ新築のほうが最終的には安く建てられる現実を知り、そのうえ、土地の調査が入るほうが安心、という理由から新築に決めました。

　家を建てる土地を見つけた後、何度も足を運び、仮契約までしていました。ところが、調査の段階で小さな問題がいくつか出てきたため、その土地は諦めることに。

　「景色がよく静かな環境、でも孤立しすぎない場所」という妥協できないポイントを軸に、いろいろな方面で探し続けました。その結果、最初に家探しを始めてから6カ月目、ついに理想の環境にある広大な土地の中に建つ家にたどり着きました。

　家探し、土地探しで共通するポイントは、冬に探し始めること。フランスの長い冬に、その家や土地、環境を気に入るのは大事なことなのです。

ついに見つけた理想
の環境に建つ新居！
入居した日の1枚。

趣味、合気道

9月、フランスは新年度。多くの街で、習い事や活動などを知ってもらうためのイベントが開催され、各クラブや団体では体験ができる時期です。

子どもの時に通った合気道に、母娘で入門。25年ぶりの道場回帰です。技の名前や挨拶は日本語、礼儀作法は日本式。

3歳10カ月のココもやる気を見せて、4歳からの最年少クラスに入れてもらった新年度でした。

日本語や日本文化に関心を持ってもらえたらいいな、程度の思いを抱きながら参加した合気道の体験でしたが、「帰りたくないー！」と泣くほど楽しんでいました。

フランスでは、道着をkimonoと呼びます。サイズがすぐに変わる子どもの道着は、道場に寄付されたものを一式2ユーロで譲り受けました。

以前は無料だったそうですが、2ユーロにしたことで、みんなが大切に使い、サイズアウトしたら戻って来るようになったそうです。

私の道場の場合、大人の稽古は、週に3回。何度行ってもOK。他の街でも教えている先生を追いかければ、毎日通うことも可能。二昔前の感覚が蘇り、楽しくて楽しくて。家族の協力のもと、道場には週2で通わせてもらいました。

「ドウモ アリガトウ ゴザイ マシタ！」挨拶は、日本語。

誰よりも大きな声で、が気持ちいい。挨拶だけは黒帯、という自信があります！

初年度は、昇級審査にも無事合格。子どもの頃、合気道9級を受けた記憶がよみがえりました。フランスでの大人の審査は5級始まりとなるため、初心者に違いありませんが、私のなかでは飛び級した感覚です。

　祝日の多いフランスの5月。休みの日にも道場を開けてくれた先生、励まし合った道場の仲間、先に昇級審査を突破したココ、そして産後2カ月から趣味の時間を後押しして応援してくれたパートナーに感謝。

　大げさですが、皆でいただいた5級です。

　合気道のおかげで、畳の外でも連絡を取り合い、家族ぐるみで会うような「かけがえのない仲間たち」にも出会うことができました。

　ドルドーニュ県への移住が決まった時、「いつでも帰っておいで」と、先生や仲間たちにかけてもらった温かい言葉。

　続けていれば、畳の上でまた会える。そう信じて、新天地でも合気道を続ける予定です。

おわりに

　最後までお読みいただき、Merci beaucoup（ありがとうございます）。

　フランスの地方暮らしの魅力や、田舎暮らしの生きる術、日々体感している環境問題などの日常の小さな気付きから、この本をお読みいただいた方に少しでも何かを感じていただけましたら、うれしい限りです。

　この本の執筆の真っただ中、家探し、土地探しを経て、日本の山々の風景を思い起こさせる、起伏ある地形の緑の景色＝ドルドーニュ県へ移住しました。ここはもともと夫婦で大好きな場所！　ココには「Trop de vert（みどりすぎる！）」と言わせた新天地で、新たな章が始まっています。

　キッチンの窓からは野生のノロジカやリスが、リビングからはご近所さんの馬が走っているのが見える新居。夜はフクロウの鳴き声で眠りにつき、目覚まし時計は鶏。日が昇ると、遠くで羊の鳴き声が聞こえる静かな環境です。

　またもや、ド田舎暮らし！

　天気や季節の移り変わりを体感し、この本につづったような「毎日がスペシャル」な生活を送っています。

　最後になりましたが、ご縁あって出版まで伴走してくださった食べもの通信社の下村理沙さま、ＮＰＯ法人企画のたまご屋さんの宮本里香さま、支えてくれた家族、また、お世話になった関係者の皆さまのご協力に心より感謝いたします。

2024年3月吉日

Myna（まいな）

庭用のサンダルは、
ブルターニュのカキの
殻由来のリサイクル可
能なもの。
地球に優しく生きたいと
いう思いで選びました。

家探し以前から毎週末のように
訪れていたドルドーニュでも
大好きな場所、ブラントーム。
今では毎週行くマルシェのある
場所になっています。

Myna（まいな）

フランス南西部のド田舎暮らし。 フランス人の夫、娘2人の4人家族。
名古屋生まれ。コックさんの学校→ノルマンディーの大学→日本に帰国。サラリーマン
生活を経て、気付けばフリーのデザイナーに。Webとグラフィックデザインを生業とす
る一方、食育を1つの目的として色えんぴつ画で制作した絵本2冊──『NIPPONのぱん』
（2020年）、『NIPPONのおいしいきのこ図鑑』（2021年）──をそれぞれ三恵社より出版。
2021年、家族でフランスに移住。それを機に、SNSでは田舎暮らしの生きる術や日々体
感している環境問題など、私目線での気付きを発信している。
Web: mynatime.me
Instagram: @myna_france

企画・編集協力	宮本里香（NPO 法人企画のたまご屋さん）／ うちのフランス人／マミー
装幀・デザイン	吉良久美
校正	吉川愛歩
イラスト・撮影	Myna
編集担当	下村理沙

フランスの田舎に心ひかれて
～移住した家族の心地よいライフスタイル

2024 年 5 月 21 日　第 1 刷発行

著　者　Myna（まいな）
発行者　千賀ひろみ
発行所　株式会社食べもの通信社
〒 101-0051 東京都千代田区神田神保町 1-46
電話 03-3518-0621　FAX 03-3518-0622
振替 00190-9-88386
ホームページ http://www.tabemonotuushin.co.jp
発　売　合同出版株式会社
印刷・製本　株式会社誠晃印刷

からだ整う
温活薬膳ごはん

麻木久仁子（国際薬膳師・タレント）

・手足が冷たい
・肩こり、腰痛、膝痛、関節痛
・寝つきが悪い
1つでも当てはまれば、体が冷えている可能性が。
「自覚がない」という方も、年齢を重ねるにつれて温活は重要になってきます。
そこで"温活薬膳"の出番です！
■ A5判／120ページ／オールカラー／定価1400円＋税

豆腐×旬の食材
豆腐が主役になる56のレシピ

池上保子（料理研究家・豆腐マイスター）

• 一年中おいしく、たんぱく質が豊富
• 美肌や肥満防止、更年期症状に効果的
そんな豆腐は手に入りやすいスーパーフード。
環境負荷の観点から、代替肉としても注目されています。
おうち時間に、おいしくてヘルシーな豆腐料理をどうぞ！
■ A5判／128ページ／オールカラー／定価1300円＋税

無農薬でつくりたい！
はじめてのプランター菜園

古藤俊二（ＪＡ糸島園芸グリーンセンター「アグリ」元店長）

ドクター古藤が無農薬でおいしくつくれるコツを徹底解説。
野菜づくりでSDGsに貢献し、もぎたてをご自宅で味わいませんか。
【掲載野菜・果物】ゴボウ、アスパラガス、メロン、ブルーベリー、トマト、エダマメ、タマネギ、ハクサイ など
■ A5判／88ページ／定価1300円＋税